[illegible]

[illegible]
[illegible]
[illegible]
[illegible]

# HÉRITAGE

Née en 1962, Dani Shapiro a grandi au sein d'une famille juive orthodoxe à New York. Elle est l'autrice de plusieurs romans et mémoires à succès. Elle contribue également au *New Yorker*, au *New York Times* ou à *Elle USA* et enseigne l'écriture à l'université.

DANI SHAPIRO

# *Héritage*

TRADUIT DE L'ANGLAIS (ÉTATS-UNIS) PAR CLOTILDE MEYER

LES ARÈNES

*Titre original :*

INHERITANCE. A MEMOIR OF GENEALOGY, PATERNITY, AND LOVE
Publié par Alfred A. Knopf, Penguin Random House LLC, New York.


ISBN : 978-2-253-07846-3 – 1re publication LGF

*Ce livre est pour mon père.*

## NOTE DE L'AUTEURE

Ce livre raconte des faits réels. Certains noms et autres détails révélateurs ont été modifiés afin de respecter et de protéger la vie privée des personnes concernées, mais aussi pour tenir une promesse que j'ai faite dès le début de cette aventure.

*Je n'arriverai jamais à te faire tenir tout entier*
*Rapiécé, recollé, correctement rafistolé.*

Sylvia PLATH, « Le Colosse »

*Quand on veut garder un secret,*
*il faut aussi se le cacher à soi-même.*

George ORWELL, *1984*

# I

# 1

Quand j'étais petite, j'attendais que mes parents dorment pour me faufiler dans le couloir en pleine nuit. Je m'enfermais dans la salle de bains, grimpais sur le comptoir en Formica et m'approchais au maximum du miroir, jusqu'à être nez à nez avec mon reflet. Je n'étais pas simplement fascinée par ma propre image, comme tous les enfants : l'enjeu était plus important. Je restais là, je ne sais combien de temps, agenouillée, me fixant moi-même du regard. J'étais en quête d'une chose que je n'aurais su définir, mais que je reconnaissais immanquablement dès qu'elle apparaissait. Si j'attendais assez longtemps, au bout d'un moment mon visage commençait à se transformer. J'avais 8, 10, 13 ans. Mes joues, mes yeux, mon menton, mon front – tous mes traits s'adoucissaient et se modifiaient jusqu'à ce que surgisse, comme en surimpression, un autre visage, un visage différent, qui me semblait plus *vrai*.

Cette fois-ci, c'est le petit matin. Je me trouve dans l'étroite salle de bains d'un hôtel à cinq mille kilomètres de chez moi. J'ai 54 ans ; il est bien loin le temps où j'étais cette petite fille. Mais me voilà de nouveau occupée à scruter encore et encore mon reflet. Une étrangère me fixe en retour.

Le lieu : je suis à San Francisco – dans le quartier japonais, plus exactement –, où j'ai atterri après un long voyage. Les faits : je suis une femme, une épouse, une mère, je suis auteure et professeure. Je suis une enfant, la fille de quelqu'un. Je cligne des yeux. L'étrangère dans le miroir fait de même. La fille de quelqu'un. En l'espace d'un jour et d'une nuit, le familier s'est évanoui. *Familier : qui relève de la famille.* De l'autre côté de la mince cloison, j'entends le froissement du journal qu'ouvre mon mari. Le sol se met à vaciller. À moins que ce ne soit moi qui tremble. J'ignore comment se manifeste une crise de nerfs, mais j'ai comme l'impression d'en faire une. Je passe mes doigts sur mes pommettes, le long de mon cou puis sur mon épaule comme pour m'assurer que j'existe toujours. Soudain, je suis prise d'un étourdissement, je m'agrippe au lavabo. C'est une sensation qu'il me faudra apprivoiser dans les semaines et les mois à venir. Elle me surprendra au coin des rues et des trottoirs, dans les aéroports, dans les gares. J'y verrai un appel à ralentir. À reprendre mon souffle. À me concentrer sur la réalité de mon corps. *Tu es toujours toi.* Je ne cesse de me répéter ces mots, encore et encore et encore.

# 2

Vingt-quatre heures plus tôt, j'étais chez moi, dans le Connecticut. En pleins préparatifs d'un voyage vers la côte ouest, j'ai entendu Michael monter l'escalier jusqu'à mon bureau. Il était dix heures et demie du soir et nous devions partir à l'aube pour attraper un vol à l'aéroport de Hartford. J'avais fait une liste de choses à emporter. Je suis une grande adepte des listes et, en l'occurrence, il me restait un million de choses à rassembler. *Soutiens-gorge. Culottes. Jupe en jean. Haut à rayures. Pull / veste ? (Vérifier le temps qu'il fera à San Francisco.)*

J'étais assez douée pour interpréter à l'oreille les pas de mon mari. Là, ils avaient l'air pressés, mais impossible de savoir s'il s'agissait d'une bonne ou d'une mauvaise urgence. Quoi qu'il en soit, nous n'avions pas le temps. *Produits de beauté. Brosse / peigne. Écouteurs.* Il a déboulé dans mon bureau, son ordinateur à la main :

« Susie nous a envoyé ses résultats. »

Susie est ma demi-sœur ; bien plus âgée que moi, elle est la fille d'un premier mariage de mon père.

Nous n'étions guère proches et ne nous étions pas parlé depuis plusieurs années, mais je lui avais écrit récemment pour lui demander si elle avait déjà fait un test ADN. C'est le genre de chose que je n'aurais pour ma part jamais envisagé, mais Susie – je l'avais déjà entendue en parler – voulait savoir quel risque elle avait de développer je ne sais plus quelle maladie génétique. Psychanalyste à New York, Susie avait toujours été à la pointe de ce qui se faisait dans le domaine médical. Elle avait reçu mon e-mail alors qu'elle assistait à une conférence TED à Banff. Sa réponse avait été immédiate : effectivement, elle avait fait un test. Elle allait vérifier si elle avait enregistré les résultats sur son ordinateur.

Notre père était mort dans un accident de voiture depuis longtemps déjà. J'avais 23 ans à l'époque et Susie 38. Être ses filles nous valait d'appartenir à un vaste clan de juifs orthodoxes. J'étais fière de cette histoire familiale, pour laquelle je nourrissais une tendresse particulière. Notre grand-père avait contribué à la fondation de la Lincoln Square Synagogue, l'une des institutions orthodoxes les plus respectées du pays. Notre oncle avait présidé l'Union orthodoxe. Nos grands-parents avaient été des piliers de la communauté juive pratiquante aux États-Unis comme en Israël. Bien que n'étant moi-même, en tout cas depuis l'âge adulte, absolument pas portée sur la religion, je nourrissais un attachement puissant, presque romantique, à ma famille et à son passé.

L'hiver précédent, Michael s'était soudain intéressé à ses origines. Il savait bien moins de choses que moi sur les générations qui l'avaient précédé. Sa mère, qui souffrait d'Alzheimer, s'était récemment cassé le col du fémur. La blessure, combinée à ses pertes de mémoire, avait accéléré et aggravé sa déchéance. Quant à son père, s'il n'était guère vaillant, il avait toute sa tête. Le brusque intérêt de Michael pour la généalogie m'avait étonnée, mais je le comprenais. Il espérait apprendre des choses sur ses origines tant que son père était encore là. Peut-être même élargirait-il son cercle familial en se découvrant des cousins au troisième ou au quatrième degré ?

Il avait dû me demander : *Tu veux le faire aussi ? J'ai commandé un kit de test ADN. Ça coûte dans les cent dollars, pas plus.* Je ne me souviens plus des détails, mais ma réponse brève, dépassionnée, banale – *Oui, pourquoi pas !* – aurait tout aussi bien pu être un haussement d'épaules et un *non merci*.

Une fois les kits livrés, nous les avons laissés traîner à la cuisine sans les ouvrir pendant des jours, voire des semaines. Ils finirent par se fondre dans le décor comme les livres et les magazines qui s'empilent jusqu'à ce qu'on se décide à les donner à la bibliothèque du quartier. Tous les matins, nous préparions du café, des œufs brouillés, des jus de fruits. Le soir, nous dînions à la table de la cuisine. Nous nourrissions le chien, écrivions des petits mots et des listes de courses au tableau. Nous triions le courrier, sortions les poubelles. Pendant tout ce temps, les kits restaient bien au chaud dans leur boîte vert et blanc ornée d'un drôle de trèfle. ANCESTRY : LE TEST ADN QUI VOUS RÉVÈLE VOTRE HISTOIRE.

Finalement, un soir, Michael a ouvert les deux paquets et m'a tendu un petit tube en plastique.

« Tiens, crache là-dedans. »

En me penchant au-dessus du tube, je me suis sentie un peu ridicule et honteuse. Pourquoi faisais-je cela, au juste ? Le résultat, me demandais-je distraitement en crachant, risquait-il d'être affecté par les côtelettes d'agneau et le verre de vin que je venais d'avaler ? ou par des traces de mon rouge à lèvres ? Après avoir rempli le tube de salive jusqu'au trait indiqué, j'ai fini de débarrasser la table. Michael a collé une étiquette sur chacun de nos tubes et les a rangés dans la boîte fournie par Ancestry.

Deux mois se sont écoulés, pendant lesquels le test ADN m'est sorti de l'esprit. J'étais plongée dans la révision de mon dernier livre. Notre fils se renseignait sur les universités où il était susceptible d'étudier. Michael travaillait sur un projet de film. J'avais pratiquement oublié le test, jusqu'au jour où un message assorti des résultats est apparu dans ma boîte mail. Certains éléments étaient surprenants. J'emploie à dessein un terme faible (« surprenant »), qui traduit bien ce que j'ai ressenti à ce moment-là. D'après Ancestry, mon ADN était à 52 % ashkénaze d'Europe de l'Est. Le reste était un mélange de français, d'irlandais, d'anglais et d'allemand. C'était certes étonnant mais je n'avais aucun point de comparaison. Je n'étais pas troublée. Je n'étais pas déstabilisée, même si ce pourcentage semblait très bas étant donné que tous mes ancêtres étaient des juifs d'Europe de l'Est. Je me désintéressai rapidement de tout cela, supposant qu'il existait une explication logique à ces résultats, en lien avec les flux migratoires ou les conflits survenus des générations plus tôt. C'est dire à quel point j'étais persuadée de tout savoir sur mes origines.

Dans le meuble sur lequel repose notre téléviseur, je conserve plusieurs copies d'un documentaire sur la vie dans un *shtetl* polonais avant-guerre. Le film s'intitule *Image Before My Eyes*. Il comprend des images d'archives tournées par mon grand-père lors d'une visite à Horodok, le village familial, en 1931. Devenu propriétaire d'une usine textile prospère aux États-Unis, il avait emmené mon arrière-grand-père avec lui. Le film est d'autant plus poignant aujourd'hui que l'on sait ce qui arrivera peu après à ces hommes à longue barbe, à ces femmes humblement vêtues de noir, à ces enfants faisant fête aux visiteurs américains. Quelqu'un – est-ce mon grand-père ? – filme d'une main tremblante ces villageois encore ignorants de leur destin qui dansent en cercle autour de lui, toujours plus nombreux. Peu après, on passe à une scène plus calme où l'on voit, dans un beau grain noir et blanc, mon grand-père et mon arrière-grand-père se recueillir sur la tombe de mon arrière-arrière-grand-père. À voir ces images muettes, je croirais presque entendre le son de leurs voix – des voix que je n'ai jamais entendues mais qui n'en sont pas moins la musique de ma chair – qui récitent le Kaddish, la prière des endeuillés. Mon grand-père essuie quelques larmes.

L'année précédant sa bar-mitzvah, j'ai montré à mon fils cette partie du documentaire. *Tu vois, là ?* J'avais fait « pause » sur l'image d'une vieille pierre tombale rudimentaire ornée d'une inscription en hébreu. *C'est de là que nous venons. C'est là que ton arrière-arrière-arrière-grand-père est enterré.* Je ressentais un besoin impérieux de transmettre tout cela à Jacob : qu'il ait conscience de son ascendance, de ce coin de terre d'où il était issu, de la source de l'esprit dont il héritait, de son lien avec ce passé. Évidemment, cette tombe serait ravagée à peine quelques années plus tard. Mais en cet instant – où les miens se trouvaient figés à jamais –, je les reliais à mon fils et lui à eux. Jacob n'avait pas connu mon père, mais je pouvais au moins lui offrir ceci, qui avait nourri ma propre enfance : la force que confère l'appartenance à une telle famille. Il était certes le fils unique d'une fille unique, mais cette part de son héritage, d'une ampleur et d'une richesse exceptionnelles, ne pourrait jamais lui être retirée. Sur l'écran, nous regardions les deux hommes se balancer d'avant en arrière en un rythme familier, une danse que j'avais connue toute ma vie.

Donc ces fameux 52 % étaient bien un peu étranges, mais aussi insignifiants et inoffensifs que l'avaient été les boîtes vert et blanc oubliées dans un coin. *J'éclaircirai tout cela*, avais-je songé, *en comparant mes résultats avec ceux de Susie.* À présent, à la veille de notre départ pour la côte ouest, Michael était assis à côté de moi sur le divan recouvert d'une tenture installé dans un angle de mon bureau. Je sentais sa jambe contre la mienne tandis que, côte à côte, nous regardions l'écran de son portable. Plus tard, il m'avouerait qu'il avait deviné dès ce moment-là ce qui pour moi restait encore inimaginable. Sur le mur juste derrière nous se trouvait un portrait en noir et blanc de ma grand-mère paternelle : la raie bien droite, les cheveux tirés en arrière, le regard franc et serein.

Comparaison des kits M440247 et A765211 :
Segment le plus long = 14,9 cm
Total des segments > 7 cm = 29,6 cm
Nombre de générations estimées jusqu'à l'ancêtre commun le plus proche = 4,5
653 629 SNP ont été utilisés pour cette comparaison.
La comparaison a pris 0,04538 seconde.

« Qu'est-ce que ça veut dire ? » Je n'ai pas reconnu ma voix.

« Vous n'êtes pas sœurs.

— Même pas demi-sœurs ?

— Pas sœurs du tout.

— Comment tu le sais ? »

Michael indiqua la ligne où était estimé le nombre de générations nous séparant de notre ancêtre commun le plus proche : « Là, regarde. » Les nombres, les symboles, les termes compliqués à l'écran m'étaient un langage incompréhensible. Il avait fallu 0,04538 seconde – une fraction de seconde, en somme – pour bouleverser ma vie de fond en comble. Désormais, il y aurait toujours un avant et un après ce moment. L'innocence d'une liste de choses à emporter. Les préparatifs d'un simple voyage. Le portrait de ma grand-mère dans son cadre doré. Les raisonnements se bousculaient dans ma tête. Si Susie n'était pas ma demi-sœur – n'était pas ma sœur du tout –, alors de deux choses l'une : ou bien mon père n'était pas son père, ou bien mon père n'était pas mon père.

## 3

À l'entrée de notre salon, il y a une photo sépia de mon père enfant ; je passe devant des dizaines de fois par jour. Il pose en pardessus et chapeau melon, mi-bas et chaussures blanches, et manie une canne avec malice. Il a les yeux ronds, le sourire espiègle. Il était l'aîné d'une famille obsédée par sa propre mémoire, extrêmement attachée à la transmission de son histoire.

Grands-parents, grands-oncles, grands-tantes et même cousins éloignés d'outre-Atlantique sont présents un peu partout dans la maison. Mais ma photo préférée, c'est ce portrait de mon père. *C'est qui, ça ?* demandent parfois mes amis. *C'est mon père.* J'ai vécu plus de la moitié de ma vie sans lui, mais sa mort n'a changé en rien ce que je ressens à son égard : une forme de fierté mêlée de réconfort et de sérénité, un sentiment de connexion, d'attachement, d'appartenance.

Si l'on suit le fil de cette galerie de portraits et de photos sépia, on peut remonter jusqu'à l'Europe de l'Est de mes ancêtres. Du haut de ses 93 ans, ma tante Shirley, la sœur cadette de mon père, est l'archiviste du clan. Il y a quelques années, elle nous a confié, à Michael et à moi, la tâche de numériser le contenu d'un gros album relié de cuir : des photos aux bords dentelés qui témoignent de l'évolution d'une famille passée du monde gris du *shtetl* à la florissante Amérique fin de siècle. Une à une, Michael a retiré les photos de l'album pour en créer une version numérique, mise à disposition des petits-enfants, arrière-petits-enfants et arrière-arrière-petits-enfants, qui se comptent désormais par centaines. *Là, c'est Grammy et Grampy qui embarquent pour l'Europe.* Mes grands-parents, très dignes et élégants, à côté d'un chariot où s'empilent leurs malles. *Là, c'est le rabbin Soloveitchik et oncle Moe avec Lyndon Johnson. Et là, c'est Moe avec John Kennedy.* Des hommes portant la kippa, l'air fier et déterminé, à côté des présidents américains.

Mes aïeux sont le socle sur lequel j'ai bâti mon existence. J'ai rêvé d'eux, lutté contre eux, me suis languie d'eux. J'ai tenté de comprendre ce qu'ils ont vécu. En matière d'écriture, ils ont été mon territoire – pour ne pas dire mon obsession. Ils sont les racines enchevêtrées – épaisses, nombreuses et profondes – qui m'attachent à cette terre en mouvement permanent. Quand j'étais plus jeune, si je me sentais perdue (comme ce fut le cas après la mort de mon père), ils me tenaient lieu de boussole intérieure. Je leur demandais que faire, quelle direction prendre. J'écoutais attentivement et les entendais alors me répondre. Pas comme s'ils avaient été là, ressuscités – pas vraiment. J'ignore ce qu'il se passe après la mort, mais une chose est sûre : j'ai senti la présence de ces chers disparus chaque fois que je les ai invoqués. Mon père, notamment, se manifestait en général par une légère décharge électrique parcourant tout mon corps. J'étais ainsi persuadée qu'il pouvait me rejoindre par-delà le temps et l'espace, grâce aux milliers de personnes formant une chaîne entre nous.

*Ledor vador*. Cette expression hébraïque, qui constitue l'un des principaux articles de foi du judaïsme, signifie « de génération en génération ». Je suis la dixième et dernière petite-fille de Joseph Shapiro, un industriel autodidacte, philanthrope, chef de file du judaïsme orthodoxe moderne : il a présidé le directoire de la Mesivtha Tifereth Jerusalem, a été trésorier de l'organisation Torah Umesorah, vice-président de la yeshiva Loubavitch, membre du bureau national de l'Union des congrégations juives orthodoxes. Je suis la dixième et dernière petite-fille de Beatrice Shapiro, sa très belle et charitable épouse, admirée et imitée partout dans le monde par les femmes pratiquantes de sa génération. Je suis la fille de leur fils aîné, Paul. Tout ce que je suis, tout ce que je tiens pour vrai commence là, par ces faits.

Un matin, je me suis réveillée, la vie était telle que je l'avais toujours connue. J'avais un certain nombre de certitudes. Si je regardais ma main, par exemple, je savais que c'était ma main. Mon pied était mon pied. Mon visage, mon visage. Mon histoire, mon histoire. Si notre futur nous échappe, notre passé est en général assez sûr. Or, à l'heure du coucher ce même soir, mon histoire entière – toute ma vie passée – s'était écroulée sous mes pieds, vouée à l'oubli telles les ruines antiques de quelque cité ensevelie.

Ramana Maharshi, un sage indien du XX^e^ siècle, a popularisé un exercice de méditation consacré à la quête du Soi : le disciple se pose la question *Qui suis-je ?* et tente d'y répondre.

Je suis une femme. Je suis une mère. Je suis une épouse. Je suis une auteure. Je suis une fille. Je suis une petite-fille. Je suis une nièce. Je suis une cousine. Je suis, je suis, je suis.

L'idée, c'est qu'au bout d'un moment la notion même de « je suis » se dissolve. Une fois épuisées les multiples étiquettes et dénominations censées constituer qui nous sommes, nous découvrons qu'il n'existe pas de *je*, pas de *nous*. Et accédons ainsi à la véritable nature de l'impermanence. Il s'agit dans cet exercice d'énumérer longuement les piliers les plus évidents de son identité, les repères indubitables – jusqu'à ne plus savoir comment se définir. Mais… si le « je suis » s'effondre dès le début de l'inventaire ?

# 4

Il existe bien des façons de vivre un choc. Seule l'expérience vous l'enseigne. J'ai appris par téléphone que mes parents venaient d'avoir un accident de voiture et que l'un d'eux risquait de ne pas survivre. J'ai écouté un docteur m'expliquer que mon bébé avait une maladie rare et souvent mortelle. J'ai connu le coup de poing, la lame, la chute – cette sensation d'être poussée en arrière et de tomber dans le vide, le souffle coupé. Mais ce que je vivais là, c'était quelque chose de complètement différent. Un voile brumeux me coupait du réel. J'étais hébétée, incrédule. Puis cette brume devint un bourbier. Plus rien n'avait de sens.

« Peut-être qu'ils se sont trompés ? »

Michael me regarda sans un mot.

« Ils ont pu échanger les tubes ? Ou mal étiqueter les résultats ? »

La probabilité était mince, mais c'était ma seule chance. L'erreur humaine. Il semblait encore possible, en cet instant, que tout cela se révèle n'avoir été qu'une grossière erreur, une histoire de fous dont nous ririons un jour, quand je me serais remise de tout ce stress pour rien.

« Je vais essayer d'appeler », dit Michael.

Il s'arrêta à la porte de mon bureau.

« Ça va ?

— Oui, oui. »

Ma voix était tendue à l'extrême, prête à se briser.

Une fois seule dans mon bureau, je repris mes préparatifs comme si de rien n'était. Je débranchai mon chargeur de téléphone et enroulai soigneusement le fil autour. Je mis ma trousse de toilette dans mes bagages puis barrai ces deux éléments sur ma liste. Après avoir vérifié la météo à San Francisco, j'ajoutai un pull dans mon sac.

*Nombre de générations estimées jusqu'à l'ancêtre commun le plus proche = 4,5.*

Quatre générations et demie nous séparaient, Susie et moi, de notre ancêtre commun le plus proche. Ce n'est pas beaucoup à première vue, mais à l'échelle d'un même groupe ethnique comme les juifs ashkénazes d'Europe de l'Est, presque tout le monde a un ancêtre commun en remontant quatre ou cinq générations. Les parents proches – pères ou mères, oncles, tantes, cousins au premier, deuxième et même troisième ou quatrième degrés – sont identifiés par les tests ADN avec une certaine précision. En d'autres termes, si deux personnes ont le même père, les résultats l'indiquent clairement.

Susie et moi n'étions pas parentes.

Quelque part en moi, en un lieu aussi dangereux

et explosif qu'une ligne à haute tension, je savais ce que cela signifiait, si c'était vrai. *Si c'était vrai*, ne cessais-je de me répéter encore et encore. *Si c'était vrai*. Je m'accrochais ferme à ces mots avec une incrédulité puérile, elle aussi prise dans le bourbier qui m'entourait.

Si c'était vrai que Susie et moi n'étions pas demi-sœurs, alors mon père n'était pas mon père.

Qu'il soit bien le père de Susie était en revanche indubitable. Elle lui ressemblait. Elle avait ses yeux et la même forme de visage. Elle parlait aussi un peu comme lui, avec ce ton propre aux juifs new-yorkais passés par la yeshiva. Moi, je ne ressemblais en rien à mon père, ni à personne de sa famille. J'avais la peau claire, j'étais très blonde et j'avais les yeux bleus. Toute ma vie, on m'avait fait remarquer que je n'avais pas l'air juive. Je répondais ou j'esquivais selon l'humeur, mais je n'avais alors aucune raison de remettre en cause le lien biologique entre mon père et moi. C'était mon père, point final. À présent, alors même que j'étais minée de doutes, je ne questionnais pas l'identité du père de Susie. Seulement celle du mien.

Plus le chaos s'installait dans ma tête, plus mes gestes étaient précis, comme si des T-shirts et des jeans pliés au cordeau avaient pu tout arranger. J'entendais Michael téléphoner en bas. Avait-il eu quelqu'un à cette heure-ci ? Où se trouvaient les bureaux d'Ancestry, d'ailleurs ? J'imaginais un immense entrepôt où s'entassaient des milliers de tubes en plastique.

J'essayais d'aborder le problème de façon rationnelle, mais, après un tel coup de massue, j'avais l'esprit embrumé. Dans *Autres rivages*, Vladimir Nabokov se demande comment examiner un esprit faussé quand le seul outil dont on dispose pour ce faire est précisément un esprit faussé. Je me suis donc appuyée sur le peu dont j'étais sûre. Tout d'abord, cette histoire de n'être ashkénaze d'Europe de l'Est qu'à 52 %. C'était ridicule. Bien sûr que j'étais totalement juive : mes deux parents étaient juifs. J'avais été élevée dans la plus pure orthodoxie : c'est dire si j'étais juive ! Je parlais couramment hébreu jusqu'à mon entrée au lycée. En réponse aux sempiternelles questions sur mes origines, j'entonnais la rengaine de mon impeccable histoire familiale. Ce tube en plastique avait certainement été interverti par mégarde avec celui d'une personne à moitié juive, qui en ce moment même était probablement aussi perplexe que moi devant les résultats de son test.

Les miens mentionnaient également un cousin germain que je ne connaissais pas. Symbolisé par un pictogramme bleu, semblable à ceux qu'on trouve sur les portes de toilettes publiques, il était identifié par ses seules initiales. Pour Michael – il me le confierait plus tard –, cet élément avait été un signal d'alarme assourdissant.

Mais pas pour moi. Évidemment, je connaissais tous mes cousins germains. Voilà qui me confortait dans l'idée qu'il y avait eu une erreur. Mon identité était un fait, et j'y revenais encore et encore, comme si je m'efforçais de retenir un poème ou les facteurs d'une équation.

Le temps que Michael remonte, il était près de minuit. Nous n'avions plus que quatre heures devant nous avant de partir pour l'aéroport. J'étais gelée. Il m'a prise dans ses bras, mais pas avant que j'aie capté son regard. Jamais il ne m'avait regardée ainsi auparavant. Ni à la mort de ma mère. Ni à l'annonce de la maladie de notre fils. Il y avait dans son regard comme de la pitié. Ce n'était pas mon futur qui se trouvait irrévocablement affecté par cette découverte : c'était mon passé. Michael avait tout compris, évidemment, bien avant de chercher le numéro gratuit sur le site Internet d'Ancestry. Il avait compris dès qu'il avait vu l'étonnante analyse de mes origines. Dès qu'était apparu sur l'écran un cousin inconnu, tel un émissaire venu d'un autre univers.

« Ce n'est pas une erreur », dit-il doucement.

Dans les semaines à venir, toutes les personnes à qui je raconterai les événements de cette nuit diront plus ou moins la même chose : *Ils ont dû se tromper. Ce n'est pas possible.* Ils le diront d'un ton protecteur. Indigné. Ou par simple gentillesse. Mais ils auront tort. Des millions de gens ont fait analyser leur ADN par Ancestry. Ce genre d'erreur n'est jamais arrivé.

# 5

Juste après cette révélation, un incident – un épisode – me revint en mémoire. C'était en 1988. J'avais 25 ans et cela faisait exactement deux ans que mon père était mort. Durant ces deux ans, j'étais restée auprès de ma mère, grièvement blessée dans l'accident ayant coûté la vie à mon père. Dans le même temps, en troisième cycle au Sarah Lawrence College, je m'étais lancée dans l'écriture d'un premier roman comme si ma vie en dépendait – ce qui n'était pas complètement faux. L'écriture m'aidait à donner forme à mon chagrin. À l'époque, je me sentais tantôt totalement vide, tantôt accablée d'une peine immense. Je naviguais entre ces deux états. Je m'étais coupé les cheveux à ras, j'avais rompu avec mon petit ami, arrêté de fumer et de boire. Je passais tout mon temps libre à lire des poèmes d'Adrienne Rich. Je me demandais si je n'étais pas lesbienne. J'étais étrangère à moi-même, à la dérive.

Je ne voulais pas laisser ma mère toute seule pour le deuxième anniversaire de la mort de mon père. Je lui proposai donc de m'accompagner à la fac, où certains doctorants devaient lire leurs textes. Je passai la prendre à son appartement, sur West End Avenue, et nous fîmes la route ensemble. Je n'avais pas grand-chose à lui dire. Je n'avais jamais vraiment eu grand-chose à lui dire. Notre relation mère-fille avait toujours été tendue, ponctuée de disputes, dépourvue de l'amour évident que je ressentais pour mon père. Enfant, j'avais ce fantasme – un vague espoir, d'une ironie mordante aujourd'hui – qu'elle ne soit pas ma vraie mère. Le silence entre nous, loin d'être complice, soulignait la tension et le malaise ambiants. Mais depuis l'accident, nous étions entrées en terre inconnue. Elle s'était remise de ses blessures bien mieux que son docteur l'avait espéré, mais elle restait fragile et marchait avec une canne. Son visage, réduit en miettes, était réparé, mais son nez restait légèrement tordu et ses yeux n'avaient pas exactement la même forme. Comme elle aimait à me le rappeler, j'étais tout ce qu'il lui restait.

Avant la lecture, étudiants et professeurs étaient conviés à une petite réception dans le salon de la résidence qui accueillerait ensuite notre performance. C'est dans ce contexte que j'ai présenté ma mère à Rachel, l'une de mes camarades.

« Et vous, Rachel, vous venez de quelle région ? a demandé ma mère.

— De Philadelphie.

— Ah, c'est amusant, ma fille a été conçue à Philadelphie ! »

Les mots étaient sortis spontanément, sans la moindre hésitation.

En vingt-cinq ans, c'était la première fois que j'entendais ça. Je m'imaginai tout de suite un hôtel, un week-end en amoureux. Mais ma mère avait déjà changé de sujet et vantait à présent les mérites de la « Cité de l'amour fraternel ».

« Alors comme ça, j'ai été conçue à Philadelphie ? insistai-je.

— Oh, oublie ça. Ce n'est pas très romantique, comme histoire... »

À la fin de la soirée – lectures solennelles, tisane sirotée dans des gobelets en polystyrène et biscuits empilés sur des assiettes en carton –, je ramenai ma mère chez elle. Nous filions sur la voie rapide dans la nuit hivernale. Deux ans plus tôt, tandis que, dans un état critique, elle était hospitalisée dans le New Jersey, j'avais inhumé mon père dans le caveau familial des Shapiro, à Bensonhurst, Brooklyn. C'était mon premier enterrement. La sœur de mon père, son frère, tous mes cousins et même Susie avaient l'air de connaître parfaitement les codes. La cérémonie se déroulait entièrement en hébreu. Le rabbin qui prononça l'éloge funèbre était un de mes cousins. Pour ma part, le rituel des obsèques m'était étranger – j'avais certes été élevée dans la religion juive orthodoxe, mais il existe plusieurs branches au sein de l'orthodoxie – de sorte que, aux funérailles de mon propre père, je me sentais comme une intruse, pas à ma place parmi les miens. *Tu dois passer par ici*, me guida l'un de mes cousins. *La pelle est là*, me dit un autre. *Maintenant, tu te laves les mains.*

« Maman ?

— Oui, ma chérie ?

— Tu en as dit trop ou pas assez tout à l'heure, au sujet de ma conception. À quoi faisais-tu allusion ? Dis-moi. »

Nous avions l'une et l'autre les yeux braqués droit devant nous. La voiture soudain devenue confessionnal, caveau.

« Il y avait un docteur – un institut – à Philadelphie… commença ma mère. Ton père et moi n'arrivions pas à avoir d'enfant. »

Elle s'arrêta. Nous étions à vingt minutes de chez elle.

« Ses spermatozoïdes étaient trop lents », ajouta-t-elle. Puis, après une nouvelle pause :

« J'avais fait plusieurs fausses couches. Et j'approchais de la quarantaine, à l'époque.

— Et donc ?

— L'idée était que j'aille à Philadelphie – dans cet institut mondialement réputé – pour qu'ils déterminent où j'en étais exactement dans mon cycle. Puis, quand c'était le bon moment, j'appelais ton père à la Bourse de New York, et il se dépêchait de me rejoindre pour l'intervention.

— L'intervention ? Quelle intervention ?

— L'insémination artificielle. »

Si je n'avais pas été au volant, j'aurais fermé les

yeux. Quand on songe à sa conception, on veut croire à une histoire un tant soit peu charnelle. Un homme et une femme enlacés. Les spermatozoïdes nageant jusqu'à l'ovule. Tout sauf le milieu clinique stérile que j'imaginai soudain, un tube à essai, l'équivalent médical de la poire à jus. Pas mon père tout seul dans une pièce avec une revue porno et un flacon en plastique.

« Je t'avais prévenue, commenta ma mère. Ce n'est pas très glamour… »

Qu'est-ce qui, ce soir-là, m'a mise en alerte au point que je me souvienne mot pour mot de la conversation, trente ans plus tard ? À l'époque, j'ai trouvé tout cela étrange, un peu déconcertant, mais somme toute pas bien grave. Au fond, qu'est-ce que cela changeait, la façon dont j'avais été conçue ? J'étais là. Peu importait comment le sperme de mon père avait fécondé l'ovule de ma mère.

Mais à présent les détails me revenaient dans toute leur vivacité, comme s'ils avaient été enfermés dans une capsule temporelle que l'on venait juste d'ouvrir : les rives de l'Hudson dans l'obscurité, les lumières du pont George-Washington, la voix monocorde de ma mère, le saillant de ses pommettes. Ses longues mains serrées sur ses genoux. *Institut. Mondialement réputé. Philadelphie.*

## 6

L'aéroport de Bradley-Hartford est un endroit que je connais bien. Grande voyageuse, j'y ai mon petit rituel. Après avoir passé la sécurité, je fais toujours un premier arrêt devant une sorte de bac cylindrique transparent à l'aspect futuriste qui, pour deux dollars, nettoie les lunettes en profondeur. Une fois mes lunettes bien propres, je me rends en général au kiosque à journaux pour faire le plein de magazines people. Enfin, si j'ai le temps, je m'arrête au Lavazza prendre un cappuccino insipide à siroter en attendant l'embarquement. Je trouve réconfortant d'avoir une routine en voyage. Cela atténue la perte de repères que je ressens souvent quand je pars de chez moi.

Mais mon habituelle angoisse du voyage, pourtant loin d'être anodine, était sans commune mesure avec ce que j'étais en train de vivre ce jour-là. J'arpentais d'un pas mal assuré les vastes couloirs de l'aéroport, telle une convalescente. Michael marchait à côté de moi tandis que nous longions un mur où des images étaient projetées : c'était une publicité interactive pour la compagnie d'assurances Travelers. Une série de parapluies (le logo de la marque) composés de roses rouges éclataient en centaines de pétales chaque fois que quelqu'un passait devant. Des personnes de toutes sortes et de toutes tailles faisaient ainsi voler en éclats les parapluies, disséminant les pétales. Les enfants étaient fascinés par ces images. Ils s'arrêtaient, faisaient des bonds ou des moulinets avec leurs bras. *Tohu va-bohu.* Ces mots hébreux, tirés de la deuxième phrase de la Genèse, me traversèrent l'esprit à la façon dont l'hébreu me revenait en général : comme des sédiments libérés de quelque couche souterraine. *Tohu va-bohu* signifie « chaos ». Le monde mis sens dessus dessous. Ou plutôt le monde avant qu'il soit le monde. Mon corps me semblait étranger et inconsistant. Étais-je vraiment là ? Peut-être que je n'existais pas. Que toute ma vie n'avait été qu'un songe forgé de toutes pièces ? En longeant les parapluies rouges, je m'assurai que mon passage activait bien le système.

Nous sommes arrivés à l'embarquement avec quarante-cinq minutes d'avance. Michael, son ordinateur sur les genoux, cherchait sur Google les cliniques de fertilité à Philadelphie susceptibles d'avoir été en activité dès le début des années 1960. Lorsqu'on avait comme lui une formation de journaliste, ce type de recherche était un jeu d'enfant. Il ne lui fallut que quelques minutes pour identifier l'établissement.

« L'institut Farris pour la parentalité, déclara-t-il, sur le campus de l'université de Pennsylvanie. »

*Institut*, c'est bien le mot qu'avait employé ma mère. Pas *clinique*. Ni *hôpital*.

Les doigts pianotent encore un peu sur le clavier et nous découvrons le Dr Edmond Farris, un pionnier – *mondialement réputé*, avait dit ma mère – dans le domaine de l'infertilité et de l'insémination artificielle. Un autre détail qu'elle avait mentionné cette fameuse nuit me revint alors. Le célèbre docteur avait mis au point une méthode pour déterminer chez une femme le moment précis de l'ovulation. *J'appelais ton père… et il se dépêchait de me rejoindre.*

Tout autour de nous, l'aéroport bruissait de voyageurs en transit. On annonçait des vols à destination d'Atlanta, de Detroit, de Miami, de Chicago. Une hôtesse à l'air las passa près de nous, tirant derrière elle son petit bagage. Le soleil venait de se lever, jetant une lueur orangée sur le tarmac. Les mots s'emmêlaient dans ma tête : *stérilité*, *infertilité*, *insémination*. Et une autre expression encore, en lien avec l'institut Farris pour la parentalité : *donneur de sperme*. Ce terme était plus cinglant que les autres. *Donneur de sperme*. En levant les yeux de l'écran, je ne vis plus que des hommes : des jeunes, des vieux, de très vieux hommes. Des hommes avec des bébés dans les bras. Des gros avec des casquettes de baseball. Des hommes en débardeur et survêtement. Des hommes en costard-cravate. Si mon père n'était pas mon père, qui était mon père ? Si mon père n'était pas mon père, qui étais-je ?

Ce soir de février, il y a plus de trente ans maintenant, après avoir raccompagné ma mère à son appartement, je suis rentrée chez moi et j'ai appelé Susie.

« Tu étais au courant que Papa et Irene avaient eu des problèmes de fertilité ?

— Ça me dit quelque chose. J'étais ado, à l'époque, mais oui, je savais qu'il se passait des trucs. »

Je rapportai à Susie les propos de ma mère. Philadelphie, l'institut, le docteur réputé, le sperme lent, l'urgence de tout cela, l'horloge biologique de ma mère, la course folle de notre père rappliquant de New York pour qu'ils puissent faire un enfant.

« Et d'après ce qu'elle t'a dit, c'est forcément le sperme de Papa qui a été utilisé ? » demanda Susie après un silence.

Ma main se crispa sur le combiné. Mon cœur se serra, comme souvent au contact de ma demi-sœur.

« Bien sûr que c'était le sperme de Papa !

— Tu devrais peut-être regarder ça de plus près, ajouta-t-elle. Ils pratiquaient le mélange de spermes à l'époque. »

*Le mélange de spermes.* Ce genre d'expression, ça ne s'oublie pas. Deux mots qui n'ont rien à faire ensemble et se heurtent comme dans un cadavre exquis absurde. Susie avait dit cela comme elle dit toute chose – sur un ton d'expert, en apparence dénué d'affect. Mais qui masquait le fracas d'une eau vive. Elle était, rien de moins, en train de me conseiller d'envisager que nous puissions ne pas être sœurs. Que notre père soit en fait le sien mais pas le mien. Ma psychanalyste de demi-sœur exprimait là un désir très profond et sans doute en partie inconscient : elle aurait préféré que je ne sois jamais née.

Je me rappelle ma colère et mon amertume, ce jour-là. Vous vous rendez compte ? dis-je à mes amis. Je n'en interrogeai pas moins ma mère à la première occasion. Mais là, mes souvenirs deviennent flous. Je crois que nous nous baladions dans les rues de l'Upper West Side. À l'époque, elle marchait beaucoup pour remuscler ses jambes.

« Maman, j'ai entendu dire… par rapport à ce que tu me disais l'autre jour sur ce qu'il s'est passé à Philadelphie… »

Ma mère était pour moi un mystère impénétrable, pas seulement en cet instant mais en permanence. Elle ne dévoilait jamais sa vraie personnalité. Ses yeux noirs, qui clignaient souvent, vous désarçonnaient, et quand elle souriait, c'était d'un sourire timide – comme si sourire était réservé à l'intimité.

« J'ai entendu dire que, parfois, ils pratiquaient le mélange de spermes… »

Je ne sais plus très bien si nous étions sur Broadway, sur West End ou sur Riverside Drive, mais une chose est certaine : elle n'eut aucun mouvement d'hésitation ou de nervosité, ne cilla pas. Aucune lueur de surprise ou de panique ne passa sur son visage. L'expression ne la gêna pas le moins du monde. Le choc des termes ne suscita chez elle aucun malaise.

« Tu crois vraiment, répondit-elle, que ton père aurait accepté ça ? Et il aurait ignoré si son enfant était juif ou non ? »

Toute la vie de mon père avait été façonnée par les règles du judaïsme le plus strict. Pour lui, les choses étaient noires ou blanches. Bonnes, mauvaises, justes, fausses. C'était une personne lucide, très attachée à la vérité. Mêler son sperme à celui d'un inconnu, quel qu'il soit, devait déjà être impensable pour lui. Mais le mêler à celui d'un inconnu non juif, c'était totalement impossible : j'en étais certaine.

Sa religion était la part la plus irréductible de son identité ; le judaïsme, d'ailleurs, n'était pas seulement une religion mais aussi une appartenance ethnique. Son enfant aurait-il pu être autre ? Coupé de ses origines profondes ?

« Tu connais ton père », poursuivit ma mère. Dans mon souvenir, elle me regarde dans les yeux. « Tu imagines une chose pareille ? »

# 7

Au cours de l'histoire, de grands esprits philosophiques se sont penchés sur la nature de l'identité. Qu'est-ce qui fait d'une personne une personne ? Quelle combinaison d'histoire, de mémoire, d'imagination, d'expérience, de subjectivité, de matériel génétique, et de cette chose indéfinissable qu'on appelle l'âme, fait de nous qui nous sommes ? Sommes-nous ceux que nous croyons être ? Les philosophes, qui n'aiment rien davantage que polémiquer, semblent pourtant s'accorder sur un point : un sentiment de soi permanent, ininterrompu, « la chose indivisible que j'appelle moi-même », découle nécessairement de la conscience de sa propre identité. « L'identité d'une personne est une identité parfaite : pour autant qu'elle soit réelle, elle n'admet aucun degré ; il est impossible qu'une personne soit en partie elle-même et en partie autre ; car une personne [...] n'est pas divisible en parties. » Ce sont les mots de Thomas Reid, un philosophe du début du XIXe siècle.

J'aurais pu découvrir la vérité sur mon père tranquillement installée chez moi, où je me trouve assez souvent. Alors, j'aurais pu garder le silence des jours durant, lovée dans le fauteuil en cuir de ma bibliothèque, entourée des milliers de livres qui constituent au moins une petite partie de moi, qui m'ont appris à penser, à vivre. J'aurais pu promener mes chiens, longtemps et lentement. J'aurais pu prendre soin de moi comme d'une patiente venant de subir une opération, une personne dont on a ouvert le corps avant de le recoudre. En l'absence de notre fils, parti en stage de cinéma à l'autre bout du pays, l'ambiance aurait été calme. Fin juin, les pivoines à l'arrière de la maison avaient commencé à fleurir.

Mais au lieu de cela, nous embarquions à bord d'un avion pour Minneapolis. Il n'y a pas de vol direct entre Hartford et San Francisco, en tout cas pas chez Delta, où nous avions nos *miles*. Je pris donc place sur le siège 12A, près du hublot. Je sortis mes magazines de mon sac et les fourrai dans la pochette devant moi. Une star de la téléréalité était en pleine rupture. Une fille Kardashian avait des problèmes. Je posai ma tête sur l'épaule de Michael. Je ne savais plus comment être ni que faire à présent. Le visage de mon père m'apparut ; non pas son air joyeux mais le visage qu'il avait juste après l'accident : gris, les yeux vides, la bouche molle. Son essence profonde, son esprit n'étaient déjà plus là. Il mourut des suites de ses blessures peu de temps après. Puis une autre image : jeune femme, je retrouve mon père à Wall Street pour déjeuner. Les portes de la salle des marchés s'ouvrent et le voici : rayonnant, plein de vie.

Il porte une veste beige, l'uniforme des traders ; sa tête est ronde, son crâne chauve. La monture des lunettes qu'il ne quittait jamais est quasi invisible : juste un soupçon d'or sur les branches. Il a ce sourire gagné de haute lutte, celui d'un homme blessé ne vivant que pour les rares instants qui lui procurent encore de la joie. Deux lieux nourrissent son énergie vitale : ici, où il travaille, et la synagogue, où il prie. Il me prend dans ses bras tandis que la foule se presse autour de nous.

Je serrai les paupières pour retenir un flot de larmes. C'était comme une seconde mort. Je le perdais de nouveau. J'étais devenue divisible. En partie la même. En partie autre. Une loi fondamentale de l'identité – le sentiment d'être soi – se trouvait violée.

Tandis que je survolais le pays, une idée ne m'effleura même pas, bien qu'elle n'eût pas été complètement incongrue : celle que ma mère ait pu avoir une aventure. Je ne suis pas allée jusque-là, je n'en ai pas eu besoin. Les pièces d'un énorme puzzle, celui de mon existence, en somme, avaient commencé à s'assembler si vite et de façon si convaincante que toute autre explication semblait superflue.

Les hôtesses et les stewards descendaient l'allée centrale avec leurs chariots à boissons. Ils proposaient bretzels, barres de céréales, cacahouètes. Les deux fois de ma vie où je m'étais trouvée en état de choc, en proie à une véritable terreur – l'accident de mes parents et la maladie de Jacob –, j'avais trouvé profondément inadmissible que les gens vaquent à leurs occupations quotidiennes, que la vie n'ait pas changé pour eux mais uniquement pour moi et les personnes que j'aimais. Ce sentiment m'étreignait de nouveau. À ceci près que perdre un parent, trembler pour son enfant : ce sont là des expériences communes. On peut dire *Mon père est mort* ou *Mon bébé est malade* à presque n'importe qui, et les gens font preuve de compassion et de compréhension. Mais comment dire *Je viens de découvrir que mon père n'est pas mon père biologique et que, de toute évidence, je suis le fruit d'un don de sperme ?* Je jetai un œil sur l'écran d'ordinateur de Michael. Il s'était connecté au wi-fi aérien dès que nous avions franchi les trois mille mètres d'altitude et avait ouvert mon compte sur Ancestry.com ; il fixait la petite icône bleue en forme de personnage identifiée par les initiales A.T. Mon cousin germain. Un homme, si j'en croyais la couleur bleue.

Et maintenant ? Impossible d'imaginer ce qui allait se passer maintenant. Je suis une fileuse d'histoires, une conteuse. Toute ma vie, je me suis efforcée de donner du sens à des événements aléatoires, de transformer en récits des suites de détails disparates et incohérents. C'est là précisément mon métier d'écrivain et de professeur d'écriture. J'aime à suggérer aux étudiants : *Et si... Imaginez...* Mais je me suis toujours cantonnée au monde connu. Je ne donne pas dans le fantastique. Je n'ai jamais été attirée par les mystères du polar ni par la science-fiction. Le réalisme magique m'intéresse, mais je ne joue le jeu que dans certaines limites. Ce qui marche toujours avec moi, en revanche, ce sont les secrets. Les secrets au cœur des familles. Les secrets gardés par honte, par instinct de protection ou par déni de réalité. Les secrets et leur pouvoir de destruction. Les secrets que nous avons les uns pour les autres sous prétexte d'amour.

Derrière le hublot, le ciel était d'un bleu vif, marbré de nuages. À terre, les champs du Wisconsin s'étalaient en rectangles bien ordonnés – tout le contraire du *Tohu va-bohu*. La cohérence même.

« À ton avis, quel genre de personne pouvait être amenée à faire un don de sperme au début des années 1960 ? demandai-je à Michael.

— À Philadelphie, ajouta-t-il, les yeux toujours rivés sur l'icône bleue à l'écran.

— Sur le campus de la Penn. »

Qu'est-ce que je demandais là ? Les mots, à peine sortis de ma bouche, m'avaient l'air absurdes. L'immensité des possibles – n'importe quel homme d'un certain âge pouvait être mon père biologique – se heurtait à toute une vie de singularité et de certitude. Je n'étais pas la fille de mon père. Cette pensée me lacérait plus profondément chaque fois que je l'effleurais.

« Les docteurs étaient souvent donneurs, reprit Michael. Les étudiants en médecine aussi. »

Mon père biologique était-il un étudiant en médecine ? C'était une théorie un peu facile, mais qui nous semblait juste à tous les deux. Si tant est que *juste* soit le bon mot. Comment et d'où nous est venue cette idée simultanément ? Je ne m'étais jamais intéressée à l'histoire de la médecine reproductive ou de l'insémination artificielle.

Je n'avais même pas regardé *Masters of Sex*, bien qu'on m'ait chaudement recommandé cette série. Si je ne venais pas de mon père, de qui venais-je donc ?

« Un étudiant en médecine », répétai-je.

Michael acquiesça.

« Oui. Un étudiant de l'université de Pennsylvanie. »

# 8

Le père que j'ai connu a toujours été triste. Ce n'était pas tant un dépressif de nature qu'un homme généreux et joyeux brisé par la vie. Il s'était marié jeune – un mariage arrangé entre deux grandes familles orthodoxes –, mais l'union s'était vite révélée malheureuse. Quand Susie avait 6 ans, la première femme de mon père avait quitté la maison tandis qu'il était en voyage d'affaires. L'histoire telle qu'on me l'a racontée veut qu'il soit rentré dans un appartement vide où ne restaient plus que ses vêtements, pendus dans le placard. Dans la communauté très unie qui constituait le monde de mon père au début des années 1950, le divorce était quasiment inexistant. Anéanti, il se battit pour obtenir l'équivalent de ce que nous appellerions aujourd'hui une garde partagée : il avait Susie tous les mercredis soir et un week-end sur deux. Il ne resta pas longtemps célibataire et tomba amoureux d'une jeune femme prénommée Dorothy. Elle avait 26 ans. C'était une femme séduisante, flamboyante, avec un grand sourire et des yeux qui pétillent ; sur les rares photos que j'ai vues d'elle avec mon père, celui-ci a l'air serein, insouciant, comblé.

Ils décidèrent de se marier et commencèrent à rêver de leur future vie commune. Mais, sans le savoir, mon père avait endossé le rôle d'un personnage tragique. Dorothy était atteinte d'un lymphome non hodgkinien – autant dire qu'à l'époque elle était condamnée –, un diagnostic que sa famille avait cru bon de lui cacher. Mon père découvrit la vérité quelques jours avant la cérémonie et, contre l'avis du rabbin, ne s'en ouvrit à personne sauf à son meilleur ami et à sa sœur. Il poursuivit son projet de mariage. D'après les nombreux témoignages de ceux qui les ont connus ensemble, Dorothy était l'amour de sa vie. Elle mourut six mois plus tard.

Enfant, j'ignorais tout de cette histoire. Je ne savais pas à quoi attribuer la mélancolie de mon père. Le soir, il s'affalait dans son fauteuil devant la télévision. Sédentaire, il se mit à grossir – c'était l'une des nombreuses sources de conflit entre mes parents – jusqu'à ce que son ventre déborde de sa ceinture. Quand j'avais 13 ans, ses douleurs chroniques au dos étaient devenues si vives qu'il dut subir une fusion vertébrale. Il ne s'en remit jamais totalement et s'assomma d'antalgiques et de sédatifs jusqu'à la fin de sa vie.

Ce n'est qu'une fois devenue adulte et auteure, quand j'eus atteint l'âge qu'avait mon père quand il divorça puis devint veuf, que je fus prise du désir obsessionnel d'en savoir plus sur ce qu'il s'était passé. J'étais convaincue que la perte de Dorothy était le principal foyer de douleur de mon père. Je rédigeai alors un article pour le *New Yorker*, où j'assemblais minutieusement les détails poignants de la brève vie que Dorothy et lui avaient partagée. Durant ces quelques mois d'écriture, j'eus l'impression de recoller les morceaux épars de mon père. C'est ce que je faisais, ce que je n'avais cessé de faire depuis la première fois où j'avais couché des mots sur le papier. *Tikoun olam*. Je m'efforçais de réparer mon père brisé. De lui rendre son unité.

Ce livre – je m'en rends compte en écrivant ces mots – n'est peut-être qu'une tentative de plus pour rafistoler mon père.

*

Mon père rencontra ma mère dans ce contexte, après la mort de Dorothy. Il avait emménagé dans un appartement sur la 9e Rue Est à New York, et ma mère vivait dans le même immeuble. C'était une femme vive, une fonceuse ; elle était cadre dans la publicité et venait de divorcer. La première fois qu'ils se rencontrèrent, un jour de shabbat, elle avait un marteau à la main et rentrait chez elle pour installer des étagères. Cela aurait dû lui mettre la puce à l'oreille, commenterait plus tard ma mère. Elle n'était pas de son monde. Elle était juive, mais pas pratiquante – sans quoi elle n'aurait pas monté des bibliothèques un jour de shabbat. Toutefois, après des mois de flirt, séduite par mon père et sa famille exceptionnelle, elle accepta de se convertir à l'orthodoxie pour leur mariage et s'engagea à élever leurs enfants dans la religion. Mon père considérait certainement ma mère comme sa meilleure et dernière chance.

Il fallut cinq ans à mes parents pour avoir un enfant. Cinq ans ponctués de fausses couches et d'innombrables allers-retours à Philadelphie. Cinq ans au fil desquels ma mère approchait de la quarantaine. Dans le même temps, tandis que mes parents tentaient en vain de faire un bébé, le petit frère de mon père et sa femme eurent quatre enfants. Sa petite sœur, elle, en avait déjà quatre. Conformément à l'une des *mitzvoth* les plus importantes de la loi juive : *prou ourvu*. Croissez et multipliez.

Je croyais donc avoir compris ce qui rendait mon père si triste. J'avais approfondi le sujet, non seulement dans mes articles pour le *New Yorker* mais aussi dans plusieurs de mes livres. J'avais fini par me faire à l'idée : je n'apprendrais rien de plus. Qu'il ait été malheureux ne faisait aucun doute. Au moins avais-je pu lui bâtir un monument, un ensemble d'histoires, d'essais, de mémoires, de romans écrits en son honneur – en une forme personnelle et séculière de Kaddish. Je savais tout de son père exigeant et tyrannique ; des caprices de sa première épouse ; de la perte de son grand amour ; de son union avec ma mère, teintée d'amertume.

Mais il y avait autre chose encore, quelque chose que je ne parvenais jamais vraiment à saisir. Une ligne à haute tension invisible, tendue entre mes parents et moi. Que l'on y touche, et l'on pourrait tous partir en fumée. Je savais cela, aussi, même si je n'aurais su l'exprimer. J'avais abandonné la fiction pour l'écriture autobiographique, comme si seul un chemin de mots pouvait me mener au bon endroit. Ce faisant, je ne cessais de m'interroger. Pourquoi était-ce si important ? Après tout, mes parents étaient morts depuis longtemps. Je leur survivais. J'avais ma propre famille. Quels que soient leurs secrets, ils étaient enterrés avec eux, enfouis à jamais. Mon dernier livre était le premier de mes ouvrages à n'avoir aucun lien avec mes parents.

La suite prouva qu'il était possible de vivre toute une vie – y compris une vie passée, comme c'était mon cas, à sonder sa propre histoire – en ignorant la vérité sur soi-même. Finalement, ce n'étaient pas des mots mais des chiffres que je fixais, incrédule, sur un écran d'ordinateur, des chiffres qui avaient brisé la porte et inondaient à présent le moindre coin, la moindre fissure d'une lumière aveuglante : *Comparaison des kits M440247 et A765211.*

Toute ma vie j'ai su qu'il y avait un secret.

Je ne savais pas que le secret, c'était moi.

# II

# 9

Quand Jacob était petit, j'aimais bien lui lire un album intitulé *Are You My Mother ?* (Es-tu ma maman ?). C'est l'histoire d'un oisillon qui part en quête de sa mère après être tombé du nid. Comme il ne sait pas à quoi elle ressemble, il interroge n'importe qui et n'importe quoi. « Es-tu ma maman ? » demande-t-il ainsi à un chaton, une poule, un chien, une vache. « Es-tu ma maman ? » demande-t-il à un avion, à une pelleteuse. Le lecteur, évidemment, est plein d'empathie pour le petit oiseau quand il se perche sur la truffe d'un vieux chien. « Es-tu ma maman ? » Au-delà des raisons évidentes pour lesquelles on espère que ce bébé retrouvera sa mère, il en est une autre, plus profonde. Tant qu'il ne l'aura pas retrouvée, il ne saura pas qui il est, ni ce qu'il est.

Nous avions une escale de deux heures à Minneapolis – un autre aéroport que je connais bien. Je laissai Michael à son petit déjeuner et me trouvai un coin calme devant une porte d'embarquement située en face du restaurant. J'avais griffonné une brève liste de tous les gens – amis de mes parents, personnes âgées de la famille encore vivants – susceptibles d'avoir la moindre information sur ce qu'il s'était passé dans une clinique de fertilité à Philadelphie cinquante-quatre ans plus tôt. Il restait très peu de témoins de cette époque. L'un d'eux était Shirley, la sœur de mon père âgée de 93 ans, mais je ne pouvais tout de même pas l'appeler. Car si mon père n'était pas mon père, alors elle n'était pas ma tante.

À cette seule idée, je frémis et me laissai glisser sur un siège en plastique fixé au sol. Grands-parents, tantes, oncles s'éloignaient de moi, dérivant comme autant de canots de sauvetage. Restait une personne que je pouvais envisager d'appeler : la meilleure amie de ma mère qui, si elle était encore en vie, devait avoir dans les 90 ans. Ma mère avait eu très peu d'amis proches. Il n'était pas rare que ses amitiés se terminent avec fracas, à coups de reproches et de mots blessants. Mais Charlotte, qu'elle connaissait depuis la fac, où toutes deux avaient appartenu à la même communauté étudiante, lui était restée fidèle. Dans mon souvenir, c'était une femme gentille, sensible, loyale – autant d'attributs qui compensaient heureusement le goût du drame de ma mère.

Je m'efforçai de me mettre en confiance avant d'appeler Charlotte. Je détestais le téléphone, lui préférant autant que possible l'e-mail, refuge d'écrivain introverti. Et si Charlotte me disait que tout le monde avait toujours su que je n'étais pas la fille de mon père ? On m'avait caché la vérité à mon sujet, ce qui était déjà difficile à avaler, mais si en outre je venais à découvrir que mon identité était un secret de polichinelle, ignoré de moi seule, je ne m'en remettrais jamais ! Pendant que ça sonnait, mon cœur battait à tout rompre. Peut-être était-elle morte. Ou sénile. Peut-être allait-elle confirmer mes pires craintes. Auquel cas, j'en serais pour cette terrible révélation : mes deux parents décédés m'avaient toujours caché ma véritable identité. J'entendais encore la voix de ma mère : *Tu connais ton père. Tu imagines une chose pareille ?*

Ma dernière conversation avec Charlotte remontait à quinze ans, alors que ma mère était sur son lit de mort. Après un bref échange de civilités – elle était bien vivante et encore lucide –, j'annonçai du bout des lèvres la raison de mon appel. C'était la première fois, mais loin d'être la dernière, que je racontais mon histoire à une vieille, voire une très vieille personne, en craignant de la blesser ou de la choquer. À quel âge était-on trop vieux pour supporter une surprise ? À quel âge était-on trop vieux pour faire table rase du passé plutôt que de s'y accrocher ?

« Charlotte ? Est-ce que tu savais que mes parents avaient eu des problèmes de fertilité ? avançai-je prudemment.

— Oui, je savais. Ta mère a fait plusieurs fausses couches.

— Tu étais au courant qu'ils avaient consulté un docteur à Philadelphie ?

— Oui. Il y a eu tous ces allers-retours à Philadelphie. Ta mère voulait à tout prix un enfant.

— Alors tu savais que j'ai été conçue par insémination artificielle.

— Oui, ma petite. Je le savais, oui. »

Plus moyen de tergiverser : je devais en venir au fait.

« Charl', je viens d'apprendre que mon père n'était pas mon père biologique. »

Une seconde s'écoula, peut-être deux. Je l'imaginai, à la table de sa cuisine dans son petit appartement du New Jersey, avec sa tasse de café. Nous étions encore le matin, même si Michael et moi avions déjà survolé la moitié du pays. *S'il vous plaît, je vous en prie*, suppliais-je intérieurement. Mais qui priais-je ainsi ? et pour quoi ?

« Qu'est-ce que tu dis ? » Sa voix tremblait. « C'est impossible. »

Impossible. Enfin, je respirais. Elle n'était pas au courant.

« Ma mère ne t'a jamais rien dit ? Rien qui puisse laisser entendre que…

— Ta mère me l'aurait dit, m'interrompit Charlotte, elle me disait tout. »

J'expliquai alors le test ADN, l'absence indubitable de tout lien de parenté avec Susie ainsi que l'apparition déroutante de cet A.T., un cousin germain.

« Il doit y avoir une erreur. Peut-être qu'ils ont interverti des tubes », conclut-elle.

Si je trouvais complètement déplacé d'aborder ce sujet avec une nonagénaire, j'ai tout de même expliqué à Charlotte ce que je venais d'apprendre sur la pratique du mélange de spermes. Désormais, j'étais celle qui donnait l'information et non plus celle qui la cherchait. Pendant tout ce temps, j'avais gardé un œil sur Michael, qui avait rassemblé ses affaires et s'était mis en route pour me rejoindre – mais je m'étais assise à la mauvaise porte… à moins que nous ne décidions d'aller à Kansas City.

« Oh, Dani. En tout cas, je suis absolument sûre d'une chose, conclut Charlotte avant que nous ne raccrochions. Ton père reste ton père. »

Onze ou peut-être douze heures s'étaient écoulées depuis le moment où Michael s'était assis près de moi dans mon bureau, où une série de chiffres avaient débloqué le code d'un moi que je ne connaissais pas. Dans l'intervalle, j'étais passée par toute une série d'émotions : chagrin, désespoir, égarement, torpeur, choc, confusion – surtout de la confusion. Et quelque chose d'autre encore : j'étais désormais en quête. Je me sentais investie d'une mission d'enquête, qui, portant sur des faits, avait l'avantage d'endiguer le flot émotionnel. *Ton père reste ton père.* C'était gentil d'essayer de me consoler, mais qu'est-ce que cela pouvait bien signifier, que mon père était toujours mon père ? Je n'étais qu'au début du chemin, un chemin qu'il me faudrait parcourir seule, un faux pas après l'autre. C'était un truisme, un cliché, une belle parole. J'aimais mon père de tout mon cœur et lui avais consacré une grande partie de ma vie. Mais, en termes purement cliniques, il n'était pas mon père. En revanche, il y avait quelqu'un – un type anonyme, peut-être vivant, probablement mort, sans doute un donneur de sperme jadis étudiant en médecine à l'université de Pennsylvanie – qui, techniquement, biologiquement, était mon père. C'était un fait.

Michael et moi sommes montés sur le tapis roulant. Calmes, silencieux, pensifs, nous glissions dans l'aéroport. Des gens, des gens partout. Voyageurs comme nous. Un vieux couple se déplaçait en sens inverse. Un homme aux cheveux blancs, dans les 80 ans, en imperméable. Je lui souris avant de détourner le regard. À 54 ans, je n'étais certainement pas trop vieille pour une surprise. À 54 ans, avec un peu de chance, il me restait plusieurs dizaines d'années à vivre. Ferais-je un jour la connaissance de cet autre ? Retrouverais-je l'assurance que mon père était bien mon père ? M'en soucierais-je toujours ? Je pense à ces vers de Delmore Schwartz :

« Que suis-je encore que j'ai été / Puisse la mémoire toujours rappeler / L'infime couleur de l'infime journée / Le temps est l'école qui nous instruit / Le temps est le feu qui nous détruit. »

## 10

Voici ce que je dis à mes étudiants, sur la question de la trahison en écriture : en matière d'autobiographie, il n'existe pas de vérité absolue, seulement des vérités singulières, propres à chacun. Je ne cherche pas à les déresponsabiliser mais à éclairer la subjectivité de notre vie intérieure. Le vécu d'une personne ne ressemble à aucun autre. Si cinq membres d'une famille entreprenaient d'écrire leur histoire commune, nous obtiendrions cinq récits très différents. Pourtant, chacun d'eux serait porteur d'une forme de vérité : celle qui consiste à être fidèle à ses souvenirs. Et puis, il y a les faits, qui par nature sont documentables. On peut retrouver le temps qu'il faisait tel ou tel jour. Vérifier la date d'une explosion. Une photo pourra attester de la robe qu'Unetelle portait ce jour-là. Et ainsi de suite. Mais qu'en est-il des intentions d'un père ? De la vie intérieure d'une mère ? Là-dessus, on ne peut, au mieux, que faire des hypothèses.

Parfois, des étudiants me confient qu'ils attendent la mort de quelqu'un pour s'autoriser à écrire leur histoire. Ils m'avouent cela pleins de honte, de culpabilité. Comme s'ils souhaitaient, au fond, que cette personne meure, là maintenant, afin de poursuivre leur projet d'écriture. Je m'efforce d'alléger leurs tourments : ils feraient tout aussi bien de s'y mettre sans tarder, car il s'avère souvent plus difficile d'écrire sur les morts que sur les vivants. Les morts ne peuvent pas se défendre. Les morts n'ont pas de voix. Ils ne peuvent pas dire : *Mais ce n'était pas du tout ça. Tu te trompes.* Ils ne peuvent pas dire : *Pourtant je t'aimais tellement.* Ils ne peuvent pas dire : *Je ne m'en doutais absolument pas.*

Aussi, quand chaque matin je me mets à écrire, je me débats non seulement avec mes parents disparus mais aussi avec le manque de données vérifiables. Une amie m'a proposé de me mettre en contact avec une voyante de réputation mondiale, à laquelle le FBI recourt pour certaines affaires complexes. « Elle te dira ce que ton père savait ou non », me suggéra-t-elle. Mais je ne peux pas faire cela, du moins pas maintenant : d'abord parce que je suis un brin sceptique quant à la méthode, mais surtout parce que ce dont j'ai besoin, c'est de sonder mes propres croyances sur moi-même, sur mes parents et sur notre univers familial. J'ai besoin de comprendre qui j'étais pour eux et qui ils étaient pour moi. En l'absence de données empiriques, il ne me reste que ce sentiment primordial de mon enfance : toute ma vie j'ai eu l'impression que quelque chose ne collait pas. J'étais différente, comme extérieure. Ma famille ne formait pas un tout cohérent. Mes parents et moi vivions dans un monde fragile. J'avais l'intime et secrète conviction que mon existence même posait un énorme problème, et que tout cela, c'était ma faute.

À dix mille mètres d'altitude, quelque part entre Minneapolis et San Francisco, cette conviction intime se détachait de moi peu à peu, comme si j'étais un animal en train de muer. Il y avait bel et bien eu quelque chose qui ne collait pas. Qui sonnait faux. Non pas parce que je n'étais pas la fille de mon père, mais parce que je l'ignorais – moi, ainsi peut-être que l'un de mes parents, voire les deux.

# 11

Le chauffeur Uber venu nous chercher à l'aéroport à bord d'un énorme 4 × 4 noir était une grande blonde d'un mètre quatre-vingts, l'air tout droit sortie d'un plateau de cinéma. Cela ne faisait qu'ajouter à la dimension surréaliste du moment. Bien que j'y sois souvent passée pour le travail, San Francisco n'est pas une ville que je connais bien. Michael non plus. À travers les vitres teintées du taxi, j'apercevais la baie par intermittence, au gré des à-coups de la circulation sur la route 101. De tous côtés, ce n'étaient que travaux et chantiers surplombés par d'énormes grues. Nous nous sommes frayé un chemin à travers des rues mythiques, à la fois familières et étrangères, que je connaissais par la littérature plus que par expérience. Mission, Van Ness, Geary.

Je ne m'étais pas connectée durant le vol depuis Minneapolis, et à présent les e-mails affluaient ; l'un d'eux contenait un projet de jaquette pour mon nouveau livre. La maquette était vraiment belle – très proche, en fin de compte, de ce que serait la couverture définitive : une photo noir et blanc de Michael et moi le jour de notre mariage. En revanche, je détestais les fioritures et les arabesques de la police employée. J'étais apparemment encore capable de cela, détester la typo d'une couverture de livre : c'était comme le vestige d'une vie révolue.

« Ce genre de calligraphie fait très faire-part de mariage », dis-je à Michael.

Notre chauffeuse, d'humeur bavarde depuis le début du trajet, nous demanda le motif de notre voyage.

« C'est pour le travail ou pour le plaisir ?

— Un peu des deux.

— Vous comptez rester longtemps ?

— Non, quelques jours. Puis nous irons à L.A. Notre fils fait un stage en cinéma à UCLA. »

Comme je le découvrirais dans les mois à venir, j'étais capable de me couper en deux comme dans la technique vidéo du *split screen* (écran divisé), et de fonctionner d'un seul côté. Notre chauffeuse, qui avait entendu notre conversation, demanda à voir le projet de couverture. Je lui tendis mon téléphone. Tout en gardant un œil sur la route, elle confirma mon impression : cela ressemblait à un faire-part de mariage. Tandis que nous arrivions à l'hôtel, dans le quartier japonais, mon sentiment de désorientation ne faisait que croître. Nous parlions de choses ordinaires. Où dîner ? Il fallait que j'appelle mon éditeur pour discuter de cette couverture. Mais le bourbier était là, partout. Avec le recul, je pense que j'étais en état de choc : mon corps m'apparaissait étranger, fragile, fragmenté, et le monde à la fois hostile et implacable dans son anonymat.

Notre chambre était spacieuse et sobre. La lumière de fin d'après-midi filtrait à travers les panneaux japonais posés aux fenêtres qui, une fois écartés, révélaient en contrebas les bâtiments de Japantown. Vu d'ici, le panorama ressemblait à celui de n'importe quelle grande ville : Tel Aviv, Berlin. La pagode emblématique du quartier n'était pas visible de notre chambre. Plus tard, le lendemain, je passerais devant pour me rendre dans un centre commercial plein de restaurants de sushis et de boutiques à thé, et je resterais une heure dans une papeterie, où j'achèterais des fiches cartonnées. Mon instinct me dictait de me mettre à écrire – tout ce qui me passerait par la tête, même de simples mots –, afin de garder trace de moments dont j'aurais sans doute du mal à me souvenir clairement a posteriori. Un jour, effectivement, je me demanderais ce que j'avais voulu dire par *Huxley's Island* (*Île*, de Huxley) ou *Filius nullius – fils de personne*. Tel un ivrogne en plein black-out, je tenterais de reconstituer l'enchaînement des événements. Extrait d'une autre de mes fiches : *« La nature du trauma veut que son souvenir ne prend pas la forme d'un récit logique » (Bessel van der Kolk).*

J'ai défait nos valises rapidement, efficacement, avec la même précision militaire que la veille au soir, quand je les avais faites. J'ai réservé une table dans une brasserie à quelques minutes de l'hôtel en taxi. Comme si du linge bien plié et la perspective d'un dîner aux chandelles pouvait couvrir le grondement de l'avalanche, au loin. Il m'était impossible de rester calme, immobile. J'avais besoin de m'activer pour tenir à distance la suite des événements, quelle qu'elle soit.

En jetant un œil à mon téléphone, j'ai vu que j'avais un e-mail de Susie. Je lui avais écrit un mot dans la journée. *Je ne sais pas comment te le dire, mais nous ne sommes pas demi-sœurs.* Je n'avais eu aucune peine à écrire ce message, et à mon avis elle n'en eut pas non plus à le lire. Ni elle ni moi n'étions le moins du monde bouleversées d'apprendre que nous n'étions pas demi-sœurs. Nous nous étions certes toujours désignées ainsi, mais j'avais remarqué que, dans les familles plus unies, les enfants qui n'étaient pas du même lit, les demi-frères et demi-sœurs, ne faisaient pas cette nuance. Ils se considéraient comme frères et sœurs tout court. Ce n'était pas le cas pour Susie et moi. Ce « demi » avait toujours été là. Et maintenant, plus rien.

Petite, j'avais beaucoup d'admiration pour Susie. Elle avait écrit un livre – sa thèse de doctorat – sur la schizophrénie, auquel je ne comprenais rien mais qui avait l'air important. Elle était intelligente et expérimentée. Elle vivait dans un logement étudiant dans le West Village, ce qui était le symbole absolu d'une vie adulte accomplie à mes yeux de gamine du New Jersey aux ambitions encore vagues. Susie s'efforçait d'être gentille avec moi – et il y eut même quelques années, quand j'étais ado, où nous nous sommes bien entendues. Notre ennemi commun : ma mère. Susie haïssait ma mère et, à 14-15 ans, moi aussi je la détestais. Susie employait pour la décrire des mots qui à la fois me terrifiaient et m'enthousiasmaient secrètement : *trouble de la personnalité narcissique. Borderline.*

J'ai mis du rouge à lèvres. Changé de vêtements. Appelé mon éditeur à New York pour discuter de la typo de la jaquette. Je luttais de toutes mes forces pour rester en sécurité, du bon côté du *split screen*. Puis j'ai ouvert le message de Susie :

> *Ça alors !... ça doit être super-dur pour toi. Surtout que Papa et Irene ne sont plus là pour gérer ça avec toi. Tu crois qu'Irene a essayé de te le dire, quand vous avez eu cette fameuse conversation ? On se voit la prochaine fois que t'es en ville ou dans les Hamptons ?*

À lire ces mots, un sentiment de solitude aigu, écrasant. Le ton désinvolte de Susie ne faisait que renforcer mon impression d'être à la dérive, coupée du monde. J'étais la fille de ma mère. *Trouble de la personnalité narcissique. Borderline.* Au fil des ans, j'avais lu des dizaines de livres, lourds traités de psychanalyse ou simples manuels de développement personnel, pour tenter d'apprivoiser ce rôle impossible : être la fille de ma mère. Mais ma meilleure défense avait toujours été la certitude d'être la fille de mon père. D'être *surtout* la fille de mon père. Je m'étais en quelque sorte persuadée que j'étais *seulement* la fille de mon père.

À présent – tandis que Michael et moi sortions dîner dans cette ville vertigineuse, magique, où les maisons, juchées sur les pentes, dansaient en rangs irréguliers –, je me sentais coupée de tout ce que j'avais pu comprendre sur moi-même. Il y eut une rafale de vent et mes yeux se mirent à pleurer. Comment survivre à cette révélation : j'avais été conçue par ma mère et un inconnu ?

## 12

Le lendemain matin, bien avant d'ouvrir les yeux, j'ai entendu Michael à l'autre bout de la chambre taper à toute vitesse sur son clavier. L'aube, filtrée par les panneaux japonais, projetait une lumière rouge sur mes paupières battantes. J'étais accablée de chagrin. Non pas de cette souffrance lancinante, oppressante qui accompagne un deuil récent. Mais plutôt un champ, une mer de chagrin. Qui n'avait pas de limites. La veille au soir, un ami m'avait envoyé un extrait de *Moby Dick* – la description d'un navire dans la tempête assortie d'une mise en garde contre la tentation de se rapprocher des côtes: «Le port lui offre la sécurité, le confort, la flamme du foyer, le dîner, les chaudes couvertures, les amis, tout ce qui sied et que réclame notre pauvre et mortelle chair. Mais pendant la tempête, le port, la terre, sont le plus imminent péril pour le navire.» Avant de m'endormir, j'avais lu et relu cet extrait, comme s'il s'était agi d'un texte sacré à décrypter. J'étais moi-même au cœur d'une tempête. Mon esprit était fou, dans sa quête éperdue d'une prise, d'une terre ferme. Mais il n'y avait pas de terre ferme. J'ai gardé les yeux clos, le temps de retrouver mes repères. Tu es à San Francisco. Dans le quartier japonais. Avec ton mari. Nous sommes jeudi 30 juin. Toute la nuit, j'avais eu dans la tête ce passage de Melville : « sous les fouets du haut océan, dans les infinitudes au loin de toute terre ».

Entendre Michael à son clavier était réconfortant. J'étais persuadée qu'il avait des pistes. Ça sentait le café. Michael avait passé plusieurs années en Afrique pour une enquête sur les seigneurs de la guerre et les dictateurs du tiers-monde, il avait écrit un livre qui révélait la face cachée de l'aide internationale. L'investigation était une seconde nature chez lui. Il partait souvent d'une intuition… et ses intuitions menaient souvent à des impasses. Mais pas toujours. Parfois, elles menaient tout droit à des faits incontestables. Tandis que j'entendais le cliquetis du clavier, j'avais l'impression que les choses avançaient.

« T'es réveillée ?

— Oui. »

J'ai ouvert les yeux lentement. Dans la pénombre, la silhouette de Michael se détachait contre les stores japonais. Quelques gobelets Starbucks traînaient à côté de lui sur une petite table. Il s'était couché obnubilé par le mystère de mon cousin germain, A.T. Il n'était pas rare, sur Ancestry.com, que les arbres généalogiques et les pages associées soient administrés par une personne dédiée, et, dans le cas d'A.T., il y avait effectivement un nom attaché à sa page : Thomas Bethany. Michael avait identifié toutes sortes de personnes nommées Thomas Bethany ; il avait creusé chaque piste sans relâche, espérant trouver l'indice irréfutable qui ferait le lien avec A.T. Mais pour l'instant, c'était l'impasse. Plusieurs Thomas Bethany étaient décédés ; un jeune Thomas Bethany était un joueur de foot prometteur du Rhode Island. Michael était même tombé, il me l'avouerait plus tard, sur un Thomas Bethany fervent supporter du candidat Donald Trump.

Michael m'a apporté une tasse de café et je me suis redressée dans le lit. Ce lit était mon refuge, j'avais envie d'y rester, d'y installer le gouvernail de mon navire en pleine tourmente.

« Ce n'est pas Thomas Bethany, a déclaré Michael, c'est Bethany Thomas. »

Il fallait que je fasse le tri dans ma tête. J'ai regardé Michael. Il était nerveux, shooté au café. Quelque chose me disait qu'il était debout depuis des heures. Sans compter le décalage horaire. J'ai attrapé mon ordinateur sur la table de nuit et j'ai ouvert ma page personnelle sur Ancestry.com. Il était toujours là, mon mystérieux petit bonhomme bleu. Il n'avait vraiment pas l'air méchant, on aurait dit un personnage de dessin animé.

« Comment ça ?

— A.T., reprit Michael, T.

— Je ne comprends pas.

— Les gens font souvent ça, administrer ce genre de pages pour leurs proches. *T* Comme *Thomas*.

A.T. est peut-être le mari, le frère, le père, peu importe, d'une certaine Bethany Thomas. »

J'avais du mal à me concentrer. A.T., B.T. – qui étaient ces gens pour moi ? Ils étaient aussi abstraits et irréels que les fractions et les décimales d'un code génétique.

« Et donc ? Ça te mène où ?

— Nulle part pour l'instant. Mais je suis presque sûr que c'est ça. Je pense qu'on devrait se faire aider maintenant. Et si on appelait Jennifer Mendelsohn ? »

Jennifer Mendelsohn est une journaliste de Baltimore. Nous ne la connaissions pas vraiment. Je crois même qu'aucun de nous deux ne l'avait jamais rencontrée. Nous étions plus proches de son frère, l'écrivain Daniel Mendelsohn. Jennifer était un simple contact, avec qui j'avais sympathisé sur les réseaux sociaux. Son pseudo, @CleverTitleTK, ne cessant d'apparaître dans mon fil Twitter, nous avions au fil des ans noué ce type de lien digital tellement dans l'air du temps. Dix ans plus tôt, une telle relation eût été incongrue. Et dans dix ans, Twitter sera sans doute obsolète, remplacé par un autre mode de communication instantané. Toujours est-il qu'en juin 2016, c'était assez simple pour moi d'adresser un message personnel à @CleverTitleTK, qui se présentait elle-même sur Twitter comme : *Old school journo. Genealogy geek* (Journaleuse à l'ancienne. Fan de généalogie).

Si Michael savait que Jennifer Mendelsohn s'intéressait à la généalogie, c'était parce que, quand

Ancestry lui avait envoyé ses résultats à lui, globalement sans surprise, il s'était avéré que tous deux étaient parents éloignés. Michael apparaissait sur la page de Jennifer comme un cousin au quatrième ou peut-être au cinquième degré. En échangeant quelques e-mails avec elle, il avait appris tout son intérêt pour ces sites de tests ADN et son expertise en matière de généalogie.

« Elle pourra peut-être nous aider ; peut-être y a-t-il d'autres données, sur le site, auxquelles je n'ai pas accès. »

Mon téléphone vibra presque instantanément. @CleverTitleTK m'envoyait son numéro de téléphone.

# 13

Jamais je n'oublierai : les draps blancs froissés, leur matière un peu rêche. La mince couverture entortillée autour de ma taille. Michael assis au bureau. Nos deux portables ouverts. Le café, la température dans la pièce à ce moment-là. Je n'étais pas encore sortie de mon cocon – ni pour aller aux toilettes ni pour me brosser les dents. Jennifer Mendelsohn était sur haut-parleur. Nous lui avions déjà résumé la situation.

« Voyons voir l'arbre généalogique de ce Thomas Bethany, proposa-t-elle en cliquant sur un lien que nous n'avions pas repéré.

— Je ne savais pas qu'on pouvait faire ça.

— Ça y est. La voilà. Bethany Thomas.

— Je le savais ! » s'écria Michael, presque joyeux.

J'ai tapé « Bethany Thomas » sur Facebook. Quatre ou cinq personnes portaient ce nom.

« Attendez… reprit Jennifer, là, je suis sur son arbre généalogique à elle. Son nom de jeune fille est Hort. »

J'ai tapé « Bethany Hort Thomas » sur Facebook. Cette fois-ci, pas de doute, c'était elle. L'air s'était chargé d'une énergie étrange, annonciatrice d'un danger imminent, comme quand on approche du sommet d'une montagne russe. Nous nous étions hissés en haut à force de raisonnements, sans nous soucier de ce qu'il se passerait quand nous basculerions à toute allure dans la pente.

J'ai cliqué sur la photo un peu floue d'une femme d'âge mûr vêtue d'un pull rayé. J'ai vu tout de suite que nous n'avions pas d'amis en commun et que nous n'avions jamais « liké » les mêmes pages. Je n'aurais pas pu tomber sur elle par hasard. J'ai scruté ses messages et ses photos, qui dessinaient une vie très différente de la mienne, fouillant sa page avec la détermination et le sans-gêne d'un maniaque pistant une inconnue dans la foule. Des petits enfants dans un château gonflable. Une partie de foot animée. Des photos de chatons. Apparemment, elle vivait dans l'Ohio. Qu'étais-je en train de chercher ? Un moyen d'identifier mon cousin A.T. Ainsi formulé, d'un seul bloc, c'était parfaitement clair pour moi. Mais quand, plus tard, je raconterais à qui voudrait l'entendre les détails obsédants de cette journée – *la nature du trauma veut que son souvenir ne prend pas la forme d'un récit logique* –, je ne récolterais que perplexité à l'évocation de cette scène. Il me faudrait dérouler ce raisonnement pourtant simple, évident pour n'importe quelle famille. Si c'était vrai, si A.T. était bien mon cousin germain, alors l'un de ses oncles – soit le frère de son père, soit le frère de sa mère – était mon père biologique.

« Voilà ! Son mari s'appelle Adam Thomas. » Jennifer avançait plus vite que nous. Adam Thomas, ou A.T. – Michael avait vu juste. J'ai fait défiler la page à toute vitesse, le doigt sur la souris et les yeux rivés à l'écran tel un joueur sur sa machine à sous, jusqu'à trouver la photo d'un homme d'une petite soixantaine d'années. Front dégarni. Visage rond. Lunettes. Grand sourire. *Avec mon mari Adam Thomas au mariage de notre fille Kaycee.*

« Est-ce qu'il ressemble à Dani ? » La voix de Jennifer semblait lointaine. « Moi, je ne trouve pas. »

À compter de ce moment-là, cette journaliste à qui je n'avais jamais adressé la parole auparavant est devenue une amie intime. Les gens qui, par hasard ou non, se trouvent être à nos côtés lors d'événements qui bouleversent notre existence sont comme pris dans la trame de ces événements. Ainsi de l'homme qui occupait le siège voisin du mien dans l'avion juste après l'accident de mes parents, ou encore du médecin qui diagnostiqua la maladie rare, effroyable, dont était atteint notre enfant. Moi-même j'ai joué ce rôle pour des proches ou des inconnus. Et désormais @CleverTitleTK, la sœur d'un ami, formait avec nous et pour toujours un trio de détectives embarqués dans une quête improbable.

J'étais déjà passée à la suite ; frénétiquement je cherchai Adam Thomas sur Internet, et surtout des éléments sur ses parents. C'était un nom fréquent. Jusque-là, j'étais bredouille. Si nous ne trouvions rien, cela ne prouvait rien. Mais si nous trouvions quelque chose ? Quelqu'un ? D'après Ancestry et son armée de généticiens, il y avait 98 % de chances que cet Adam Thomas soit mon cousin germain. Combien d'oncles avait-il ? Comment le savoir ? Je ne me sentais absolument pas liée à cet homme souriant au visage rond. Mais il pouvait devenir une flèche qui, tirée d'un arc bien bandé, filerait droit au but sans dévier ni mentir. Bien entendu, je ne pensais pas tout cela consciemment. Je ne pensais pas. Je n'étais qu'instinct. Nous ignorons qui nous serons au cœur d'un incendie ou d'un tremblement de terre. Nous ne le savons pas avant d'être confrontés à notre moi mis à nu, notre moi primordial. Je voulais m'enfuir. Je voulais rester. Je voulais me sauver, moi et mon passé.

« Sa mère est morte en 2010 », annonça Jennifer. Elle avait fait une recherche couplée avec le nom de la ville où vivait Adam Thomas, dans l'Ohio, et avec le nom de sa femme. « J'ai l'avis de décès sous les yeux.

— On t'écoute », dit Michael. Toujours assis au bureau à environ trois mètres de moi, il m'a regardée. Nous savions avant de savoir, je crois. Mon mari a toujours été pour moi une présence extrêmement réconfortante. Il a été là pour me rassurer chaque fois que le monde s'est mis à trembler sur sa base. Ensemble, me disais-je, nous pourrions traverser n'importe quelle épreuve. Mais l'épreuve qui se profilait ne concernait que moi. Moi seule.

Jennifer lut à haute voix : « Eloise Walden Thomas a rejoint la vie éternelle… née à Cleveland, dans l'Ohio… une mère au foyer… très dévouée à sa paroisse… lui survivent cinq enfants, vingt petits-enfants, une sœur, deux frères… »

Deux frères. Deux frères encore vivants. Les frères de la mère de mon cousin germain.

« L'un de ses frères est médecin à Portland, dans l'Oregon », poursuivit Jennifer. « Il s'appelle Benjamin Walden. »

À ce mot, *médecin*, Michael et moi avons échangé un bref regard inquiet. C'était presque trop facile. Nous n'avions fait que suivre la piste de quelques mots clés. Quasiment rien. L'intuition qu'il s'agissait d'un étudiant en médecine. Un mystérieux cousin répondant aux initiales A.T. Et maintenant, voilà. Un oncle de ce cousin. Qui était médecin. Qui était vivant.

Michael s'est approché du lit et s'est assis près de moi. Trente-six heures plus tôt, nous étions l'un à côté de l'autre sur le divan de mon bureau – quand j'avais découvert que mon père n'était pas mon père. *Dr Benjamin Walden*. J'ai tapé son nom, d'une main froide et tremblante. *Benjamin Walden. Ben Walden. Dr Ben Walden.*

Tout en moi se refusait à croire en la réalité des événements, et pourtant les choses s'enchaînaient de façon si profondément inéluctable que j'y verrais a posteriori une forme de destin.

Tiré de sa page sur un site médical : *Chirurgien*

*cardiothoracique, le Dr Ben Walden est à la retraite depuis 2003. Il est régulièrement consulté sur des sujets d'éthique médicale. Il est diplômé de la faculté de médecine de l'université de Pennsylvanie.*

## 14

Au cours des mois suivants – et sans doute, d'ailleurs, pour le restant de mes jours –, on me racontera beaucoup d'histoires. Des amis m'enverront des liens vers des articles de journaux. Des experts me feront part de leur expérience. On me parlera de gens qui ont passé leur vie à chercher un donneur, leur père biologique. En désespoir de cause, certains se sont fait tatouer le numéro d'identification du donneur anonyme, afin de se relier physiquement au seul indice qu'ils possèdent. J'ai vu des photos de chevilles, d'épaules, de bras ainsi marqués d'austères séries de chiffres. Chaque histoire qui débouche sur une impasse, se heurte à une porte close, me remet dans un état de sidération. L'un de mes poèmes de prédilection, « Otherwise » de Jane Kenyon, débute ainsi : « Je me suis levée / en parfaite santé. / Cela aurait pu / être autrement. J'ai mangé / des céréales, du lait sucré, / une pêche bien mûre, / impeccable. Cela aurait pu / être autrement. » La suite du poème est une variation sur les multiples façons dont, pour l'auteure, la plénitude du quotidien recèle en puissance un double plus sombre.

*Ma fille a été conçue à Philadelphie,* avait dit ma mère ce fameux soir. *Pas très romantique, comme histoire.* Puis, comme j'insistais, elle avait lâché ce terme : *institut.* Les mots, chez elle, n'étaient jamais prononcés au hasard. Cet aveu involontaire – cette phrase qui lui échappa le jour du deuxième anniversaire de la mort de mon père, uniquement parce que je lui avais présenté mon amie de Philadelphie – fut pour moi un véritable coup de chance. Et si cette amie avait été originaire de Detroit ? Et si je n'avais pas emmené ma mère à une lecture à la fac ce soir-là ? Une digue avait cédé en elle, qui m'avait donné accès à un indice crucial, même si, à l'époque, je ne m'en étais pas rendu compte. Cela n'avait duré qu'un instant, une demi-seconde – avant de se refermer. Si elle n'avait pas prononcé ces mots précis mais que tout le reste s'était déroulé de la même manière, en recevant les résultats d'Ancestry près de trente ans plus tard j'aurais découvert que mon père n'était pas mon père biologique mais rien de plus. J'en aurais conclu que ma mère avait eu un amant. Ajoutant ainsi un nouveau chapitre mensonger à l'histoire de ma vie.

Et si Adam Thomas n'était pas apparu sur ma page Ancestry ? Que se serait-il passé ? Rien qu'un vide béant, insondable. N'ouvrant sur aucun possible. Comme le petit oiseau tombé de son nid, j'aurais erré de par le monde sans jamais savoir d'où je venais. Il y aurait eu cette béance en moi, ce trou en forme de père, ou plutôt de *pères*. Celui qui m'a élevée, qui est mort trop jeune, trop triste, trop perdu, et celui, anonyme, dont je suis issue mais que je n'aurais jamais connu. Et au lieu d'une histoire erronée, une infinité d'histoires possibles.

Michael retira ses baskets et s'assit à côté de moi dans le lit. Mon ordinateur reposait en équilibre entre nous deux tandis que nous attendions la fin d'une pub YouTube. Dr Benjamin Walden. Cinq syllabes – sept avec son titre. Un joli nom, mélodieux. Il avait un site Web. En trois clics, j'étais dessus. Très sobre, il abritait surtout un blog et ses articles d'éthique médicale, ainsi que des liens vers quelques vidéos. L'écran devint noir, puis son nom apparut, en lettres blanches d'une quelconque police bâton. Conférence du Dr Ben Walden à Reed College, Portland, Oregon.

Un vieux monsieur aux cheveux blancs et aux yeux bleus se tenait derrière un pupitre.

« Mon Dieu », ai-je murmuré.

Le temps se ralentit soudain jusqu'à presque se suspendre. Je n'arrivais pas à réaliser ce que je voyais. Ou plutôt *qui* je voyais. L'homme portait un pantalon de toile beige, une chemise bleue à col boutonné et une veste polaire. Il avait le visage pâle mais les joues colorées, le teint vif. Exactement mon teint. Quelque part, dans le lointain, je croyais entendre les commentaires que j'avais essuyés à peu près tous les jours depuis cinquante-quatre ans : *Tu es sûre que tu es juive ? Toi, tu es juive ? Je le crois pas. Ta mère a couché avec le laitier suédois ?* Je voyais ma mâchoire, mon nez, mon front et mes yeux. J'entendais quelque chose de familier dans le timbre de sa voix. Ce n'était pas juste une ressemblance. Cela relevait plutôt de la *qualité*. Sa posture. Ses intonations. Il recommandait un livre à l'assemblée : *Nous sommes tous mortels*, d'Atul Gawande. Il citait un article de *The Onion*. Je me surpris à noter qu'il avait un goût littéraire très sûr. J'essuyai mes mains sur mes cuisses. Qui étais-je ? *Qu*'étais-je ? J'avais l'impression que j'allais me désintégrer ici même, dans cette chambre d'hôtel flottant au-dessus de la ville. Je n'avais pas voulu voir ça. Mais maintenant que je l'avais vu, impossible de revenir en arrière.

Dr Ben Walden. Son nom apparaissait toujours à l'écran, en dessous du pupitre. Le reflet de ses lunettes. Une alliance. Michael monta le son. La voix de l'homme me traversa et m'enveloppa comme un voile invisible, cousu à même l'air. *Bientôt je vous laisserai me poser des questions…*

« Bon sang ! articula Michael, c'est incroyable. »

À présent, Ben Walden faisait de grands gestes. Ses mains levées devant lui formaient comme deux parenthèses – un geste que je me vis soudain en train de faire, moi aussi. Je savais, d'une certitude non rationnelle, que j'avais sous les yeux la vérité – la réponse aux questions sans réponse qui m'avaient taraudée toute ma vie. Des mains s'étaient levées dans le public, à Portland. Il désigna quelqu'un dans le fond, confirma d'un signe de tête, puis l'écouta en souriant.

« Tu as vu ça ? dis-je à Michael. Sa façon de…

— Oui. Il dirige les questions du public exactement comme toi », compléta-t-il.

L'été suivant il y aurait une éclipse totale de soleil. Pour la contempler, Michael, Jacob et moi disposions de lunettes spéciales agréées par la NASA. Mais moi, je décidai de m'en passer et de regarder l'éclipse en direct, jamais plus d'une fraction de seconde. C'est de cette manière-là que je visionnai la vidéo YouTube ce matin de juin. Un coup d'œil, puis stop. Comme si le vieil homme en chemise bleue et veste Patagonia – sa personne et ce qu'elle impliquait – risquait de m'aveugler à jamais.

## 15

Je me suis glissée hors du lit et j'ai marché pieds nus jusqu'à la salle de bains. Mon esprit était comme déconnecté de mon corps. Mon corps n'était plus celui que j'avais connu pendant cinquante-quatre ans. Mon visage n'était plus mon visage. C'est du moins ce que je ressentais. Si mon corps n'était pas mon corps et que mon visage n'était pas mon visage, qui étais-je donc ? Quelques semaines plus tard, de retour dans l'Est, j'irais dîner chez ma meilleure amie… pour me rendre compte, à peine entrée chez elle, que j'étais emplie de crainte : j'avais peur que ses sentiments envers moi aient changé d'une manière ou d'une autre, peur de n'être plus qu'un mystère à ses yeux. En pleurs au beau milieu du salon, je lui demanderais : « Suis-je toujours la même personne pour toi ? » Elle me regarderait, perplexe et compatissante : « Mais Dani, tu *es* la même personne. »

Toujours est-il que ce matin-là, à San Francisco, en voyant mon visage dans le miroir, j'ai compris pour la première fois que mon reflet avait toujours raconté une histoire différente de ce que je croyais

– ou plutôt de ce que je savais. J'avais soudain l'impression d'être quelqu'un d'autre. Dans mon reflet, je voyais à présent cet homme chenu aux yeux bleus, le docteur de Portland. Il y avait toujours été. Et il ne s'agissait pas que de ressemblance physique, de quelques traits communs. Ces images de lui sur YouTube avaient touché au plus profond de moi un je-ne-sais-quoi indéfinissable. *Je venais de lui.*

J'ai enfilé un peignoir et me suis assise au petit bureau où, à peine une heure plus tôt, Michael avait remonté la piste de Bethany et Adam Thomas. J'ai fermé l'onglet sur lequel tournait la vidéo YouTube et j'ai ouvert ma messagerie :

*À : Dr Benjamin Walden*
*De : Dani Shapiro*
*Objet : Message important*

Je n'avais eu aucune difficulté – tout jusqu'ici avait été incroyablement facile – à trouver son adresse. Il avait un blog. C'était un personnage public, un médecin respecté, qui donnait des conférences. Le genre d'homme qui ne s'attendait certainement pas à trouver une telle bombe dans sa boîte mail. À quel âge était-on trop vieux pour une surprise ? Il avait 78 ans.

*Cher Dr Walden,*
*L'objet de ce message va peut-être vous choquer. Je m'appelle Dani Shapiro, j'ai 54 ans, je suis auteure et romancière, j'ai un mari et un*

*fils de 17 ans. Je vis à Litchfield County, dans le Connecticut. Il y a quelque temps, j'ai fait un test ADN, par pur divertissement. Je n'ai jamais douté que mes parents soient mes vrais parents. Mais aujourd'hui, j'ai des raisons de croire que vous puissiez être mon père biologique. Je ne poursuivrai que si a) ce que je dis là vous parle et si b) vous êtes disposé à aborder le sujet avec moi. Ce que j'espère vivement.*

*Je vous donne l'adresse de mon site, où vous pourrez voir un peu qui je suis :* www.danishapiro.com.

*En vous remerciant,*

*Dani*

Michael était sous la douche. J'ai attendu un moment, le doigt en suspens, avant de cliquer sur « envoyer ». Avant de raccrocher, Jennifer Mendelsohn m'avait demandé ce que je comptais faire maintenant que j'avais identifié mon père biologique. Elle m'avait conseillé d'être méthodique, de faire des recherches. Apparemment, il y avait une bonne et une mauvaise façon de procéder dans ce genre de cas. Mais je ne me sentais ni prudente ni méthodique ; c'était même plutôt le contraire. J'étais fébrile et impulsive. Je ne voulais pas m'asseoir et réfléchir calmement ; ce dont j'avais besoin, c'était d'agir, de bouger. Tant que j'étais en mouvement – que mes doigts pianotaient sur le clavier, que mon stylo courait sur la page, que j'enfilais mes habits, maquillais des lèvres désormais étrangères, attachais mes sandales –, j'arrivais encore à me donner l'illusion que j'allais de l'avant au lieu de sombrer dans l'abîme.

# 16

Un souvenir lointain : c'est un samedi après-midi à la fin des années 1960, nous habitons le New Jersey, mes parents sont dans la cour avec des amis. Un jeu d'ombre et de lumière sur les dalles du patio. Une haie de forsythias qui déborde chez le voisin. Les adultes sirotent un thé glacé dans des tasses en plastique vert et se délassent sur ce genre de transat qui marque les cuisses quand on se relève. Une mangeoire à oiseaux quelque part, peut-être. Ce dont je suis sûre : c'est shabbat, ce qui veut dire pas de cigarettes pour mon père, pas de radio pour ma mère. Le repas est servi froid, comme toujours quand mon père rentre du temple. Les amis s'appellent les Kushner. Des années plus tard, leur fils sera arrêté et incarcéré dans le cadre d'une sordide affaire de prostitution et de proxénétisme. Leur petit-fils épousera Ivanka Trump. Mais ce jour-là, les Kushner sont juste un couple charmant, relativement âgé, nettement plus âgé que mes parents. Je suis encore petite – 5 ou 6 ans – et quand je viens dire bonjour aux grandes personnes, Mme Kushner m'attire à elle. C'est une femme corpulente, avec des cheveux crêpés et un fort accent. Il paraît qu'elle et sa famille ont creusé un tunnel pendant la guerre, grâce auquel ils ont pu, eux ainsi que des centaines d'autres juifs polonais, s'échapper du ghetto où ils étaient retenus prisonniers. Mme Kushner passe sa main dans mes cheveux, qui sont d'un blond presque blanc, de la même couleur que mes sourcils. Elle me regarde fixement. Que voit-elle ? J'ai le teint pâle, les yeux bleus, les traits délicats. Le visage en forme de cœur. Sans me lâcher, elle dit : *Tu nous aurais été bien utile dans le ghetto, blondinette. On t'aurait envoyée demander du pain aux nazis.*

Mes origines sont à 52 % ashkénazes d'Europe de l'Est. Et pour le reste : françaises, irlandaises, anglaises, allemandes. Une scission, une faille, une déchirure. Près de la moitié de moi aurait pu, effectivement, demander du pain aux nazis. Enfant, en bonne juive orthodoxe, je connaissais par cœur le *sidour* (livre de prières), déclamais le *Birkat Hamazon* (les actions de grâces) avec mon père après chaque repas de shabbat. Je parlais un hébreu parfait – une langue qui désormais, quand je l'entends, me plonge dans une sorte de rêve brumeux. Mais je n'avais pas la tête de l'emploi, au point que c'était devenu un élément caractéristique de mon identité.

J'ai très peu de souvenirs d'enfance – presque aucun à vrai dire –, mais je n'ai jamais oublié la cour, le jeu des ombres sur les dalles, les tasses vertes et les transats de ce jour de shabbat. Mon père, en pantalon de costume, avait retiré veste et cravate. Sur sa tête, une kippa brodée de velours rouge. Ma mère, c'est plus flou – les souvenirs de ma mère sont toujours plus flous –, mais elle a certainement assisté à la scène avec Mme Kushner, puisqu'elle était attablée là, devant une abondance de poitrine de bœuf et d'asperges pochées.

Qu'est-ce que Mme Kushner était en train de me dire, au juste ? Qu'avait-elle en tête ? Le message était à la fois : *Tu es des nôtres*. Et : *Tu n'es pas des nôtres*. Qu'en était-il ? Et pourquoi ce souvenir m'a-t-il poursuivie toute ma vie ? J'ai déjà raconté ailleurs cet épisode avec Mme Kushner. Je l'ai évoqué dans des articles et d'autres récits. Il révélait, pensais-je alors, ce qu'il y avait d'étrange et de traumatisant, pour l'enfant que j'étais, à s'entendre dire que si j'avais vécu durant la guerre j'aurais pu sauver des gens – à quoi s'ajoutait la culpabilité de ne pas l'avoir fait. À présent, je sais ce qui a préservé ce souvenir de l'érosion : c'était le noyau de vérité qu'il recelait. Mme Kushner ne pensait pas à mal tandis qu'elle me jaugeait en me tenant par le bras. Elle avait parlé sans réfléchir, dit tout haut ce que tout le monde pensait tout bas en me voyant. Autant que je m'en souvienne, c'était la première fois – mais loin d'être la dernière – qu'on me laissait entendre que je n'étais pas celle que je croyais être.

Un jour – j'avais une vingtaine d'années –, j'ai dressé la liste de toutes les fois où, au cours d'une seule journée, l'on m'avait dit que je n'avais pas l'air juive. *Shapiro, c'est ton nom d'épouse ? Je n'ai jamais vu de juive comme toi.* Parfois, ce type de remarque me mettait mal à l'aise ou m'énervait. Qu'est-ce que ça voulait dire, ne pas « avoir l'air » juif ? Il existait certainement plein de juifs blonds aux yeux bleus. Venant de non-juifs, ces remarques me semblaient teintées d'antisémitisme et, venant de juifs, de haine de soi. Le plus gênant étant que, la plupart du temps, elles étaient à prendre comme des compliments – sources pour moi de fierté secrète et de honte mêlées. J'étais jolie d'une façon qui excluait l'identité juive. D'une beauté à 48 % française, irlandaise, anglaise, allemande.

*Eh bien si, les juifs sont comme ça !* protestais-je intérieurement, façon d'envoyer se faire voir mes interlocuteurs. Où que j'aille, j'affichais mon identité juive. C'était comme un tour de magie, dont j'étais sûre qu'il produirait son petit effet – curiosité, voire stupéfaction. *Toi, juive ? Nooon !* Je répondais en récitant consciencieusement les *yikhes* de ma famille, c'est-à-dire son lignage. Je déclinais mes références : *ai fréquenté la yeshiva. Reçu une éducation orthodoxe. Casher, absolument. Avec deux éviers, deux lave-vaisselle, la totale.*

## 17

Un épisode avait échappé à mon souvenir jusqu'à ce qu'on me le remette en mémoire. Huit mois après cette matinée à Japantown, je suis allée à Washington D.C. assister à un grand congrès annuel d'écrivains, où je suis tombée sur une amie de jeunesse que j'avais perdue de vue depuis une bonne vingtaine d'années. Dans une allée bondée du vaste parc des expositions, nous faisions un rapide rattrapage : enfants, maris, livres, enseignement. À aucun moment, je n'ai songé à lui faire part de ma récente découverte. Ce n'était ni le moment ni le lieu, sans compter que nous n'étions plus du tout proches. Toutefois, à l'instant où je m'apprêtais à passer au stand suivant, elle fit une allusion à cet été, des années plus tôt, où, jeunes auteures boursières, nous nous étions rencontrées à la Bread Loaf's Conference de Middlebury, dans le Vermont.

« Quand je pense à toi, dit-elle, je me rappelle surtout cette soirée… Nous étions un petit groupe rassemblé autour d'une table dehors après le dîner, des participants et des intervenants. Tu te souviens ? »

Elle m'adressa un regard interrogateur. Les intervenants à Bread Loaf étaient des stars de la littérature. Certains participants étaient eux-mêmes devenus des stars depuis. Qu'avait-il bien pu se passer ce soir-là ?

« Mark Strand était en face de toi ; il t'a regardée et il a dit : *Vous n'êtes pas juive.* Ce n'était pas une question. Il énonçait un fait. Devant tout le monde. Il n'en démordait pas. Et il ne te lâchait pas des yeux. *Vous n'êtes pas juive. C'est impossible que vous soyez juive.* »

Les mots de mon amie s'insinuaient en moi tandis qu'à l'arrière-plan, le brouhaha du hall d'exposition devenait imperceptible, comme si quelqu'un venait de couper le son. Le refrain familier avait pris un sens nouveau et je ne pouvais absolument plus passer outre.

« C'était vraiment véhément, reprit-elle. Mark était un poète, il n'ignorait rien de la force et du poids des mots. Il savait parfaitement ce qu'il faisait en prononçant ces paroles. C'était comme te dépouiller de ton identité. Et il le répétait, encore et encore. Et plus ça allait, plus il était fâché, comme s'il t'avait soupçonnée de mentir. »

J'avais beau chercher, impossible de me revoir à cette table. Quoi qu'il se soit passé ce soir-là, ma mémoire l'avait enterré sous des couches de ouate. Je n'aurais même pas juré, d'ailleurs, que j'avais déjà rencontré Mark Strand. Je me représentais très bien son beau visage anguleux. Son faux air de

Clint Eastwood. C'était un personnage romantique, poète lauréat des États-Unis, l'un de mes héros. Peu de temps auparavant, j'étais justement tombée via Instagram sur une photo de sa tombe, dans le nord de l'État de New York. La stèle, polie en surface mais brute sur le dessus, se découpait nue sur la neige. MARK STRAND, POÈTE. 1934-2014. Il est mort à 80 ans. Au bas de la plaque, ce vers tiré d'un de ses poèmes : WHEREVER I AM, I AM WHAT IS MISSING (Où que je sois, je suis ce qui est absent).

« Je n'ai jamais oublié cette scène, m'avoue mon amie, tu lui as répondu si posément. Sans rien laisser voir de tes émotions. Je me suis demandé comment tu faisais pour rester aussi calme.

— Je ne m'en souviens absolument pas », ai-je murmuré.

*Blondinette.*

*

Manifestement, Mark Strand avait saisi en moi quelque chose que j'ignorais. Du regard, il avait comme apposé sur moi une carte en relief. Il ne s'agissait pas que de mes cheveux blonds et de mes yeux bleus. Non, c'était une affaire d'angles, de structure osseuse, de carnation – autant de données qui ne collaient pas. Et mon détachement l'avait clairement outré. Voilà donc une personne très perspicace – un poète que j'admirais tant que je citerais plus tard l'un de ses poèmes en épigraphe d'un de mes romans –, qui m'avait exhortée à porter sur moi-même un regard plus lucide et exigeant.

Comment ai-je pu n'avoir jamais aucun soupçon ? Même quand ma mère a révélé malgré elle la façon dont j'avais été conçue ? J'avais une petite trentaine d'années cet été-là, à Bread Loaf. Cela faisait à peine cinq-six ans que Susie m'avait informée de la pratique du mélange de spermes. Une lueur de doute aurait dû s'immiscer en moi. Mais non, pas la moindre suspicion. Pas de soupçon. Je refusais résolument de voir les indices. Au lieu de cela, j'allais légère et sûre de moi sous la voûte étoilée du Vermont, sans m'interroger sur ces remarques incessantes, sans me demander pourquoi Mark Strand s'était ému et emporté à ce point.

*C'est l'histoire de ma vie* : voilà ce que je me disais en général, en haussant les épaules et en soupirant. Une expression en apparence anodine… *L'histoire de ma vie.*

## 18

J'avais toute la journée devant moi à San Francisco. J'aurais certes pu annuler mon déjeuner, un rendez-vous prévu de longue date, ainsi que nos projets pour le soir, mais qu'aurais-je fait à la place ? Retourner dans mon lit ? Si je restais à l'hôtel, je savais ce qui allait se passer : je consulterais mes e-mails toutes les cinq minutes pour voir si Benjamin Walden m'avait répondu. Ce que je ferais de toute façon, mais au moins pouvais-je éviter de tourner en rond en attendant... Combien de temps mettrait-il à me répondre – si du moins il me répondait ? Et s'il était en déplacement à l'étranger ? Ou bien malade ? Et si nous nous étions trompés à son sujet, si nous avions tout faux depuis le début ? Était-ce possible ? Je demandais sans arrêt à Michael s'il y avait encore une chance que tout cela ne soit qu'un montage insensé, une série de coïncidences arrangées de sorte à prendre l'apparence de la réalité.

Mais je parlais sous l'effet du choc. C'est le genre de comportement que produit un choc. L'esprit piégé, figé, tente de recombiner les faits. Prise dans une boucle de rétroaction, je ne cessais de tout recommencer depuis le début : les résultats d'Ancestry, Philadelphie, A.T., Bethany Thomas, l'université de Pennsylvanie, l'étudiant en médecine, Ben Walden. Je passais au peigne fin d'anciennes conversations avec ma mère, en quête de nouveaux indices. Je m'efforçais de ne pas penser à mon père. Si je pensais à lui, je le convoquerais et alors il verrait ce qu'il se passait. C'est ainsi que je raisonnais. Je ne voulais pas briser le cœur de mon défunt père.

Michael et moi sommes allés traîner du côté de l'imposant Japan Center, situé non loin de notre hôtel. Même en pleine matinée, le site était bondé de touristes. Des familles japonaises prenaient des photos sous les cinq étages de béton de la pagode de la Paix. Nous avons traversé le centre commercial, longeant des restaurants japonais, chinois, coréens, et des boutiques. Un salon de coiffure. Une boulangerie. J'ai fureté dans une papeterie, espérant trouver le carnet idéal. Les écrivains ont souvent un rapport fétichiste à leur matériel, je ne fais pas exception. À spirales, broché, avec des lignes, sans lignes, petit format – comme si le carnet en soi importait. Finalement, je n'ai pas acheté de carnet mais le paquet de fiches déjà mentionné, poussée par cette vague intuition : ma vie était désormais à l'état de fragments, qu'il me faudrait réassembler dans un sens ou un autre pour tenter d'y voir clair.

J'avais donc ce déjeuner avec une amie que je n'avais pas revue depuis son déménagement sur la côte ouest, quelques années plus tôt. Nous avions rendez-vous dans un restaurant vegan de Mission District. Quand nous avions calé cette rencontre, des semaines plus tôt, j'avais imaginé que nous aborderions les sujets habituels : le travail, la famille, l'actualité politique, les derniers potins. Mais finalement la conversation allait peut-être prendre un tour un peu différent. Comment parler de ce qu'il m'arrivait ? Comment le taire ?

Dans le taxi qui me conduisait à Mission, je consultai mon téléphone. J'avais cinq nouveaux e-mails, mais une fois les messages passés en revue, je ressentis un vide étrange. Voilà deux heures que j'avais envoyé mon mail à Benjamin Walden. Il vivait à Portland. Nous étions dans le même fuseau horaire. Il devait certainement avoir ouvert sa messagerie, maintenant ! J'étais terriblement, déraisonnablement impatiente. J'actualisai la page frénétiquement.

J'imaginai une maison dans le Nord-Ouest Pacifique, tout près à vol d'oiseau de l'endroit où je me trouvais, à l'angle de Valencia et de Mission. Je me représentai le vieil homme aux cheveux blancs et aux yeux bleus, en pantalon beige et veste polaire. En cet instant même, peut-être était-il en train d'approcher une chaise de son bureau, jonché de papiers et de revues médicales. Son thé brûlant posé à côté de lui dans une tasse en céramique. Derrière le bureau, une baie vitrée donnerait sur un jardin baignant dans l'ombre des trembles et des peupliers. À mes yeux de romancière, les personnages que je crée sont aussi réels que les gens de mon entourage. Mais je n'étais pas en train d'inventer un personnage. Il y avait un tel boucan dans ma tête qu'on devait l'entendre jusqu'à Portland. Et peut-être qu'à cette heure, Benjamin Walden était précisément en train d'allumer son ordinateur, d'ouvrir sa boîte mail, de passer sur les levées de fonds des démocrates (rien ne garantissait qu'il soit démocrate), les avis de son club de golf (il avait l'air de jouer au golf), pour s'arrêter sur un e-mail intitulé « Message important ».

Le restaurant où mon amie m'avait donné rendez-vous s'appelait Gracias Madre (Merci maman). Sur le coup, je n'ai pas relevé ce que cette appellation avait d'ironique ; ce n'est qu'un an plus tard, alors que je tentais de reconstituer les événements de cette fameuse journée, que, retombant sur ce nom dans mon agenda, j'éclatai de rire. *Gracias Madre*. En me laissant flotter jusqu'au restaurant, aussi chancelante et fantomatique qu'une junkie, ce n'est pas à ma mère que je songeais – et je n'étais certainement pas d'humeur à la remercier. J'avais décidé, si tant est que j'aie été en état de « décider » quelque chose ce jour-là, que mes parents avaient tout ignoré des circonstances de ma conception. C'était un accident. Une erreur. Voire une tromperie de la part du personnel de l'institut. Mes parents avaient vécu toute leur vie sans savoir – exactement comme moi. Toute autre explication était insupportable.

# 19

J'affichai un air détendu tout au long de la journée. L'avalanche qui dévastait tout à l'intérieur ne se voyait pas trop de l'extérieur. J'avais toujours été comme ça : je tenais bon même au bord de la syncope. Je m'étais confiée à mon amie lors de notre déjeuner à Gracias Madre, parfaitement consciente que je racontais les choses sans m'impliquer émotionnellement. J'entendais les mots sortir de ma bouche, je prenais note de la stupeur et de la compassion sur son visage, mais une partie de moi, comme en lévitation, planait au-dessus de la scène, comme si cette histoire n'avait pas été la mienne.

Cet état de suspension persista toute la soirée. Depuis des mois, nous avions prévu de dîner avec un couple d'amis de San Francisco, que nous adorions. Nous comptions passer une soirée arrosée, amusante, une célébration de notre amitié. Sur la route entre notre hôtel et leur villa de Pacific Heights, je ne lâchai pas mon téléphone. La journée touchait à sa fin et toujours pas de nouvelles de

Benjamin Walden. Peut-être ne me répondrait-il pas. Le cas échéant, qu'est-ce que cela prouvait ? *Chère madame Shapiro, je suis désolé mais vous faites erreur. Chère madame Shapiro, je n'ai jamais fait de don de sperme. Chère madame Shapiro, vous débloquez complètement.*

Je me souviens : une maison merveilleuse, digne d'un conte de fées, le petit salon où nous avons bu quelques verres avant de rejoindre le bistro, quelques rues plus loin. Une vodka-martini avec deux olives dans un verre à long pied. Plus tôt dans la journée, je les avais informés par texto que j'avais une nouvelle sismique à leur apprendre. L'expression m'avait paru assez appropriée : n'étions-nous pas à San Francisco ? *Sismique bonne ou sismique mauvaise ?* m'avait répondu notre amie. *Juste sismique.* Ils nous accueillirent d'un regard interrogateur. Alors, quelle était cette nouvelle ? Michael et moi nous sommes retrouvés à raconter l'histoire à deux voix, tels les acteurs d'une comédie noire se relayant l'un l'autre, faisant monter progressivement la tension dramatique. La vodka faisait son effet. Elle me rendait plus forte, mais aussi plus volubile. Nous tenions là une bonne histoire. Une très bonne histoire. J'en oubliai presque que c'était *mon* histoire. Nous les avons fait rire. Tenus en haleine. Nous avons passé presque toute la soirée à parler de ça, devant nos steaks-frites et une bonne bouteille de vin.

Le lendemain, j'ai reçu un texto : *Des nouvelles de*

*ce brave docteur ?* Le ton de notre amie était jovial et condescendant, ce qui ne lui ressemblait guère. D'habitude, elle était délicate et attentionnée. Je commençais par ailleurs à désespérer d'avoir jamais des nouvelles de Benjamin Walden. J'avais vérifié à deux, trois reprises son adresse e-mail pour m'assurer de l'avoir tapée correctement. Évidemment, c'était absurde. Qu'avais-je espéré ? Qu'il se précipite pour répondre à cette nouvelle cataclysmique ? Au fil des heures je chavirais, je perdais patience et tout sens de la modération. Ce « brave docteur » était mon père biologique. Pendant ce temps, les textos continuaient. *Tiens-nous au courant, hâte de savoir la suite !* Je trouvais ce ton blessant. Ignorait-elle que nous ne parlions pas d'un feuilleton mais de ma propre vie ? Plus tard, bien plus tard, je me rendis compte que j'avais moi-même présenté les choses comme un jeu. Et Michael aussi. C'était une façon de minimiser les événements mais aussi de nous protéger : si nous parvenions à en tirer une bonne histoire, peut-être seraient-ils moins douloureux ?

Nous devions revoir encore une fois ces amis – pour un dîner dans leur fabuleuse maison – et cette fois-ci j'étais bien décidée à ne pas dire un mot. Je n'allais pas accaparer leur soirée. Ils n'y étaient pour rien si mon existence avait volé en éclats. Les formidables conteurs qui formaient notre tablée parvinrent, quelques minutes durant, à me faire oublier que le sol s'était dérobé sous mes pieds. J'ai dégusté la paella aux fruits de mer, bu plus que mon compte de vin. J'ai ri, raconté des anecdotes plus légères, trinqué. À un moment, j'ai croisé le regard de Michael. *Je suis avec toi,* disaient ses yeux.

Aussi étrange que cela paraisse, ma vie avait repris son cours comme si rien ne s'était passé. Et de fait, rien ne s'était passé. Ce qui avait été dévoilé n'était pas nouveau. Rien n'avait changé. Mon père n'avait jamais été mon père. Un médecin de Portland avait toujours été mon père. Je n'étais pas celle que je croyais. Mais j'étais bien celle que j'avais toujours été.

Le lendemain matin, au réveil, je n'y tins plus. Bien sûr, j'aurais dû attendre un peu plus de deux jours. D'après les cas d'école mentionnés par Jennifer Mendelsohn, j'aurais dû patienter des semaines, des mois, voire toute la vie. Plus tard, en cherchant sur Internet, je tomberais sur des modèles de lettres – destinés plutôt aux parents d'enfants conçus par don de sperme et désireux de contacter le donneur anonyme. On y trouvait des expressions comme *cadeau inestimable* ou *extrêmement chanceux et reconnaissants.* Tous les experts conseillent la patience. *Si vous ne recevez pas de réponse, vous devez respecter la volonté du donneur de garder l'anonymat. Si vous brisez la barrière du silence en contactant le donneur, soyez honnêtes et gardez espoir.*

*À : Dr Benjamin Walden*
*De : Dani Shapiro*
*Objet : À propos de mon message*

*Cher Dr Walden,*
*J'imagine que mon message a dû être un choc pour vous, et je comprends tout à fait qu'il vous faille un peu de temps pour absorber cette nouvelle avant d'envisager de me répondre. J'aimerais simplement m'assurer que vous avez bien reçu mon e-mail. Je suis moi-même sous le choc. Cette découverte a totalement bouleversé le cours de ma vie. Bien entendu, si vous ne l'avez pas reçu, je vous le renverrai.*
*En vous remerciant et dans l'attente de vos nouvelles,*
*Dani*

# 20

*À : Dani Shapiro*
*De : Dr Benjamin Walden*
*Objet : re : À propos de mon message*

*Chère madame Shapiro,*
*Je vous prie d'excuser ma réponse tardive. Nous étions absents, en outre il m'a effectivement fallu un peu de temps pour digérer la nouvelle. J'en ai parlé à mon épouse et nous sommes en train d'y réfléchir. Nous vivons aujourd'hui dans une résidence de retraite et profitons de nos enfants et petits-enfants. Si vous le désirez, n'hésitez pas à nous envoyer de plus amples renseignements, nous en prendrons volontiers connaissance.*
*Cordialement,*
*Ben Walden*

En tant que fille, je n'ai pas eu le droit d'étudier le Talmud, ce recueil de textes anciens où les rabbins et d'autres érudits ont pesé et disséqué le sens de chaque mot de la Torah. Le mot *talmud* signifie précisément « étude ». Tandis que les garçons lisaient le Talmud, donc, nous autres filles étudiions les *Dinim*, moins intéressants, où se trouvent compilées les lois elles-mêmes. Malgré tout, l'enseignement de la yeshiva m'a plu, comme tout ce qui touche à l'analyse linguistique. J'ai lu l'e-mail de Ben Walden à Michael tandis que nous faisions nos valises pour quitter l'hôtel. Son message était arrivé deux heures après l'envoi de mon propre mail de relance, si osé et inconvenant. Je me sentis tout de suite justifiée dans ma démarche. Je n'avais guère d'autre appui que mon intuition, et jusqu'à présent elle ne m'avait pas trompée. Le « brave docteur » avait répondu à ma demande simple et humaine.

Je notai qu'il avait employé l'expression « en outre » plutôt qu'un simple « et ». Je ne savais pas ce que cela impliquait, mais c'était un choix linguistique intéressant. *Parlé à mon épouse. Sommes en train d'y réfléchir.* Cela, en tout cas, ne pouvait signifier qu'une chose : il avait bien été donneur. D'ailleurs, les chiffres concordaient. Soixante-dix-huit moins cinquante-quatre égalent vingt-quatre. Moins neuf mois égalent vingt-trois. L'âge qu'il devait avoir quand il étudiait la médecine à Philadelphie. J'avais volontairement omis les détails dans mon premier message, ne nommant ni l'institut Farris ni l'université de Pennsylvanie. Je lui avais demandé si cela lui parlait, et voilà sa réponse. Oui. Oui, cela lui parlait.

*Nous vivons aujourd'hui dans une résidence de retraite et profitons de nos enfants et petits-enfants.*

Derrière ces mots, j'entendais une requête, même s'il ne la formulait pas explicitement. *Ne détruisez pas nos vies*: tel était le sous-texte qui palpitait entre les lignes. *Ne nous faites pas de mal.* À quel âge était-on trop vieux pour une surprise ? Pour finir, Ben Walden et sa femme se disaient disposés à prendre connaissance des renseignements supplémentaires que je voudrais bien leur envoyer. Tout le long, l'emploi de ce pluriel : *nous*.

Mon premier message contenait un lien vers mon site. Ce n'était pas un hasard. Quand j'avais écrit cet e-mail, j'étais certes littéralement en furie – telle une bête aux abois prête à tout pour sauver sa peau –, mais en même temps j'avais la lucidité du désespoir. Cette femme prétendant être sa fille biologique, je voulais qu'il constate qu'elle n'était pas folle. Qu'elle n'en avait pas après son argent. Que socialement du moins, elle était une figure plutôt sensée et reconnue. Elle avait écrit un certain nombre de livres. Elle avait enseigné dans une grande université. Bref : il aurait même pu être fier de l'avoir engendrée.

Mon site contenait énormément d'informations sur moi. Il proposait des liens vers tous mes livres, tous les articles et les récits que j'avais publiés au fil des ans. J'avais aussi un blog, qu'il pouvait consulter à loisir. Et puis, il y avait des photos, des photos d'auteur – je songe à une en particulier, la première qu'il avait dû voir s'il avait cliqué sur le lien que je lui avais fourni. On m'y voit derrière un pupitre, en conférencière. J'ai les cheveux tirés en arrière, je porte des lunettes et je suis son portrait craché. De quoi, en somme, saisir assez vite que la femme qui avait déboulé dans sa boîte mail, chamboulant son existence, prétendant être sa fille, était une auteure qui avait passé sa vie à tenter de cerner son identité et ses origines.

## 21

*Que savait ma mère ? Que savait mon père ?* Et encore : *Que savait ma mère ? Que savait mon père ?* Dans la philosophie du yoga, le concept de *samskara* – un terme sanskrit signifiant « cicatrice » ou « trace » – désigne un héritage karmique, un schéma gravé en nous dès notre naissance, un cycle que nous reparcourons éternellement. Tandis que Michael et moi descendions la côte ouest, la roue tournait, tournait pour se prendre chaque fois dans la même ornière – refuge d'un millier de questions qui toutes renvoyaient à ces deux-là. Ce qui ne m'empêchait pas de gribouiller sur mes fiches :

> *Dystopie.*
> *Impression (passée) d'être sous cloche. Même impression maintenant.*
> *Histoire du clou et du fer à cheval d'après Richard III.*

Des amis de Malibu organisaient une fête pour le 4 Juillet. On tira les feux d'artifice sur la plage.

La veuve du producteur Dino De Laurentiis avait un nouveau compagnon, un pilote à la retraite qui participait ce soir-là à un show aérien. L'escadrille vrombissait au-dessus de nos têtes : huit petits jets en patrouille dans la pourpre du crépuscule californien. Je rédigeai en réponse à Benjamin Walden une longue lettre prudente, où je pesai mes mots pour expliquer comment des éléments épars s'étaient soudain assemblés tels des aimants. J'adoptai un ton simple et clair, dénué d'affect. Nous nous appelions désormais par nos prénoms. *Cher Ben. Amitiés, Dani.* Mais dès qu'il n'était plus occupé ailleurs, mon esprit rebelle retournait à mes parents.

Tous les gens impliqués dans l'histoire étaient soit déjà morts, soit très âgés. Mes parents étaient morts. La plupart de leurs amis étaient morts. La sœur de ma mère – dont elle était très proche – était morte. Son mari, un ancien chirurgien, était mort. Le Dr Edmond Farris était mort. La femme de ce dernier, Augusta, était morte. L'institut Farris avait fermé une dizaine d'années après ma naissance. Pourtant il devait bien rester des gens vivants susceptibles d'apporter des éléments sur ce qu'il s'était passé dans cet institut à Philadelphie, qui avait abouti à ma conception. Des médecins, des infirmières, des cliniciens ou des techniciens qui avaient travaillé dans l'établissement. Des professeurs de l'université qui auraient fréquenté Farris. Des confrères spécialisés dans le champ, assez novateur pour l'époque, de la médecine reproductive. Je ne pouvais m'offrir le luxe d'attendre tranquillement qu'émotions et souvenirs remontent. Je devais au plus vite recueillir un maximum d'informations. L'avantage, c'est que, plongée dans cette tâche, je contenais le raz-de-marée émotionnel et mon impatience d'une réponse de Ben Walden.

Au cours de mes recherches, je tombai sur l'article suivant, un communiqué de presse de 1958, largement diffusé et repris dans des quotidiens comme le *Milwaukee Journal-Sentinel* ou la *Tampa Tribune* :

**De plus en plus de bébés-éprouvette**
**Déjà 30 000 cas aux États-Unis**
Près de 40 000 enfants américains
doivent la vie à la fécondation in vitro

*D'après le Dr Edmond Farris, directeur de l'Institut pour la parentalité de Philadelphie, sa propre estimation de « 30 000 à 40 000 bambins-éprouvette » serait même plutôt basse. Personne ne connaît avec exactitude le nombre de bébés-éprouvette aux États-Unis, car il n'existe aucune loi obligeant les praticiens à rendre compte de cette pratique. Le Dr Farris est l'un de ces médecins, dont nous ignorons le nombre, à œuvrer dans ce domaine en toute discrétion, bien qu'aucune loi n'ait jamais été votée pour contrôler la pratique de l'insémination artificielle sur des humains.*
*Dans un récent article du* Journal of the American Bar Assn., *Allen D. Holloway, avocat à Chicago,*

*estime que le législateur devrait s'emparer de la question et adopter une loi transversale. Il met en garde: «L'insémination artificielle est un acte qui touche à la fois au droit criminel, au droit de la famille et au droit des successions, avec également des implications en matière de théologie, de sociologie et de philosophie.»*
*Le Dr Farris et ses homologues bénéficient donc actuellement d'un vide juridique.*
*Ce dernier n'ignore pas les arguments religieux mais y répond ainsi: «Je ne vois pas ce qu'il y a de mal à tenter de faire naître des enfants d'excellente qualité.»*
*Selon lui, les donneurs collaborant avec son institut sont «ce que les formations médicales de Philadelphie ont de mieux à offrir».*
*La procédure se déroule dans la plus stricte confidentialité. Les registres sont strictement codés pour éviter de voir des informations tomber aux mains de petits maîtres chanteurs.*
*Précaution supplémentaire: les couples concernés sont invités à avoir des rapports intimes juste avant et juste après l'insémination. Ce qui, d'après un obstétricien réputé, laisse ouverte la question du «vrai» père.*

## 22

Quand Michael et moi sommes passés prendre Jacob à l'université pour l'emmener dîner, je vivais depuis quatre jours avec cette révélation : un médecin de Portland à la retraite était mon père. Rendre visite à Jacob pendant son stage de cinéma était la raison principale de notre voyage sur la côte ouest. Il n'avait jamais été si loin de la maison pendant si longtemps. Mais, en l'occurrence, son absence avait été un soulagement. Je n'étais pas prête à lui annoncer la nouvelle. Je ne savais absolument pas comment il prendrait la chose. Je ne savais déjà pas moi-même comment je la prenais. Je continuais d'osciller entre une lucidité douloureuse et la confusion totale quant à mon passé. Mon fils était la seule personne au monde pour qui cette découverte avait des implications génétiques. Toute ma vie, j'avais décliné des antécédents médicaux à moitié faux. *Père : décédé. Antécédents familiaux : problèmes cardiaques, AVC, dépression, alcoolisme (oncle paternel), addiction aux médicaments (père), troubles de l'anxiété.* Je m'étais coltiné un fardeau qui n'était pas le mien. Je surveillais ma consommation d'alcool. Je m'affolais à la moindre palpitation. Mais le pire, le plus préoccupant, c'est que j'avais fourni des renseignements erronés au sujet de mon fils. Quand, tout bébé, on lui avait diagnostiqué une maladie mortelle – une forme d'épilepsie extrêmement rare, aux causes mal connues –, j'avais assuré aux médecins qu'il n'y avait jamais eu aucun cas d'épilepsie dans la famille. Mais était-ce vrai ? Y en avait-il eu ? J'étais porteuse d'un univers génétique complètement différent de ce que je croyais, et mon fils aussi.

Jacob était ravi de nous raconter son stage, les scénarios qu'il écrivait, le court-métrage qu'il réalisait. Il n'y avait qu'à s'installer confortablement et le regarder. Il s'intégrait parfaitement au décor de ce restaurant hollywoodien, avec sa lumière tamisée, ses palmiers et ses banquettes confortables. 17 ans, blond vénitien, svelte, le nez romain et les yeux d'un bleu profond : c'était un jeune homme magnifique. J'étais, depuis toujours, folle de lui. Est-ce parce que nous avions failli le perdre quand il était petit ? En tout cas, je ne l'ai jamais considéré, ni lui ni rien ayant trait à son existence, comme quelque chose d'acquis. Je regrettais souvent qu'il n'ait pas connu mon père. J'imaginais quelle proximité, quelle complicité ils auraient pu avoir, étant tous deux des hommes sensibles, bienveillants, réfléchis, honnêtes. J'étais aussi réconfortée – je m'en rendais compte maintenant – à l'idée que quelque chose de mon père continue de vivre en Jacob. Susie n'avait pas d'enfant. Après moi,

Jacob était le dernier maillon génétiquement relié à mon père. J'avais toujours cherché mon père dans ses traits, sa gestuelle. Si Jacob avait un jour des enfants, un tout petit peu de Paul Shapiro continuerait d'exister ici-bas modestement, à travers eux. Je ne me l'étais jamais formulée explicitement, mais cette idée me donnait un sentiment d'accomplissement.

*Prou ourvu.* Croissez, multipliez et remplissez la Terre. Tels sont les premiers mots que Dieu adresse aux hommes dans la Genèse. Plus importants, manifestement, que les commandements de ne pas voler, tuer ou mentir. *Prou ourvu.* La première *mitzvah*. Si j'aimais à voir en Jacob le descendant de mon père, était-ce parce que je savais combien mon père lui-même y aurait accordé d'importance ? Ce soir-là, assise en face de mon fils, j'avais le cœur brisé – pas pour lui, ni pour moi, mais pour mon père.

Sous les branches de palmier, tandis que notre serveur débarrassait les desserts, je jetai un bref regard à mon portable – une vieille habitude, encore renforcée ces jours-ci. Le souffle court, je vis que j'avais une réponse de Ben Walden.

*De : Dr Benjamin Walden*
*À : Dani Shapiro*
*Re : Message important*

*Je vous remercie pour ces renseignements. Les pouvoirs d'Internet ne laissent pas de m'émerveiller. Il se pourrait bien que vous ayez vu juste. J'envisage moi-même un test ADN pour vérifier le résultat de vos recherches. Je vous suis très reconnaissant de respecter notre vie privée, et de ne pas chercher à briser notre famille. Mais avant tout, félicitations pour votre brillante carrière d'écrivain ! Mon épouse et moi-même sommes curieux de lire votre dernier livre. Si les résultats ADN confirment notre parenté, j'imagine que vous aimeriez en savoir plus sur l'histoire familiale, notamment sur le plan médical. N'hésitez pas à me faire part de vos questions, je m'efforcerai d'y répondre.*

# 23

Dès que je me sentais suffisamment forte et motivée, je faisais des recherches sur Google. *Donneur de sperme. Conception par don de sperme. Anonymat du donneur. Éthique de l'anonymat du donneur. Histoire du don de sperme.* J'avais commandé toutes sortes de livres, qui devaient m'attendre à la maison, entassés sur le seuil. J'avais déjà amassé une pile d'articles sur le Dr Edmond Farris, datant des années 1940 au début des années 1960. Mais je ne me décidais pas à les lire. Ils étaient rédigés dans une langue vieillotte et polémique, comme sortie d'un comics de science-fiction. Des *bambins-éprouvette*... Était-ce là ce que j'avais été ?

À l'époque de ma conception, l'insémination artificielle avec donneur était largement controversée. Les éthiciens, les théologiens, les avocats et même de nombreux médecins la jugeaient illégale et immorale. En même temps, les pionniers de cette méthode, praticiens et scientifiques, affichaient une certaine arrogance. On ne s'embarrassait guère des questions de confidentialité, d'anonymat, d'eugénisme. Les donneurs étaient choisis pour leur apparente supériorité génétique. Les dossiers, strictement codés, étaient scellés ou détruits. On enjoignait aux parents de rentrer chez eux et d'oublier ce qu'il s'était passé.

Cela dit, le langage de la médecine reproductive contemporaine était tout aussi illisible. Sur les sites Web, dans les articles publiés en ligne, les mots tanguaient, les phrases s'écroulaient devant moi. D'habitude, dans à peu près n'importe quelle situation, je suis capable de poursuivre un raisonnement logique. Mais là, je pataugeais de nouveau dans le bourbier. Je compris vite que la communauté de personnes nées d'un don de sperme était importante et très active. Je tombai sur des mots que je détestais : Ben Walden était ce que l'on appelle mon *père biologique*. Paul Shapiro était mon *père social*. De telles expressions me donnaient l'impression d'être une bête de foire. Un sentiment fréquent, paraît-il, chez les personnes issues d'un don de sperme. Un site Web proposait des bijoux spéciaux, « conçus spécialement pour vous ! ». Les pendentifs « Parent-on-a-chain » n'étaient autres que des plaques de métal – d'aluminium, de chrome, ou de cuivre – où figurait, gravé, le numéro d'identification du donneur. J'aurais voulu m'extraire de tout ça, comme si je n'étais pas vraiment concernée. L'idée que ce monde était *mon* monde, que j'étais moi aussi née d'un don de sperme, que le terme s'appliquait bien (et s'était toujours appliqué) à moi, cette idée se dressait devant moi tel un mur de béton auquel je ne cessais de me cogner.

Que ce soit dans les articles de recherche, sur les sites Web ou même chez Oprah Winfrey, un nom revenait toujours : celui de Wendy Kramer. Cette femme avait créé le Donor Sibling Registry (Registre des frères et sœurs issus de donneurs), une base de données visant à aider les personnes nées de don de sperme à retrouver leur famille biologique. J'envisageai de prendre contact avec elle. Je n'avais certes pas besoin de ses services, puisque j'avais déjà retrouvé mon père génétique. Mais à vrai dire, ce n'est pas vers Ben Walden qu'allaient mes sentiments les plus profonds, les plus tendres. Ce que je voulais, c'était me faire confirmer par quelqu'un, un expert, qu'il était possible, ou plutôt probable, ou même qu'il était *absolument certain* que mes parents n'avaient rien su du tout. Que l'institut Farris les avait trompés, agissant dans leur dos. Quelqu'un avait dû décider que c'était dans l'intérêt de ce couple d'ajouter le sperme d'un donneur dans le tube sans les en informer. Peut-être l'institut cherchait-il à améliorer son taux de réussite ? À moins que le Dr Edmond Farris se soit pris pour Dieu…

Il nous restait deux jours à passer à Los Angeles. Outre des rendez-vous professionnels et d'autres moments partagés avec Jacob, nous en avons profité pour voir des amis autour d'un déjeuner, d'un café, d'un verre, d'un dîner, dans cette ville tentaculaire qui, à bien des égards, nous était aussi familière que la nôtre. Parfois je racontais ce qu'il m'arrivait, parfois non. Je commençais à me rendre compte qu'en parler ne m'aidait pas forcément à me sentir mieux. À force de raconter mon histoire, elle se vidait de sa substance, se perdait dans la chambre d'écho de sa propre énormité. Je sentais bouger mes lèvres, j'entendais les mots, mais je n'avais pas l'impression qu'ils venaient de moi. J'en parlais de plus en plus posément. En revanche, j'appréhendais le retour chez nous. L'image de notre maison m'obsédait, avec ses murs couverts de portraits de mes ancêtres. Dans mon bureau, ils m'entouraient : ma grand-mère, mon grand-père, mon père et ma tante Shirley quand ils étaient petits. Je me figurais un pot de peinture, je voulais tout repeindre. Page blanche.

Je finis par écrire à Wendy Kramer. Chaque fois que je contactais une nouvelle personne, dans cet univers étranger et inconnu, je me sentais exposée et vulnérable. Mais j'étais toujours reçue avec bienveillance. Cette fois encore, j'obtins une réponse en quelques minutes. Nous fixâmes un rendez-vous téléphonique l'après-midi même. À l'heure dite, j'errais sur Wilshire Boulevard, en quête d'un coin tranquille pour discuter. Je repérai une onglerie devant laquelle, sur le trottoir, étaient disposées une petite table en métal et deux chaises, et demandai aux propriétaires si je pouvais m'installer là. Dans l'éclatante lumière blanche de ce bel après-midi angelin, je préparai mon matériel comme si je poursuivais une enquête au long cours : cahier, stylo, casque antibruit bien en place. Juste au moment où je composais le numéro, une femme arriva avec son casse-croûte et s'affala sur l'autre chaise, à côté de moi. Je la fixai tandis qu'elle déballait son sandwich. Elle évita mon regard. *Très bien*, me dis-je. Je n'avais pas le temps de trouver de refuge plus tranquille.

Wendy Kramer était chaleureuse, franche et absolument pas pressée. Tandis que je déroulais les détails de ma découverte en m'efforçant d'oublier ma voisine, je me demandais combien de fois elle avait répondu à ce genre d'appels. Le Donor Sibling Registry comptait près de cinquante mille membres. La moindre petite recherche sur le sujet renvoyait à son site, où l'on trouvait sans peine ses coordonnées.

« Je ne sais pas si vous vous rendez compte à quel point c'est exceptionnel que vous ayez retrouvé votre donneur. Et aussi vite, en plus ! »

Évidemment. Le site de Wendy Kramer était entièrement consacré à ce genre de quêtes, souvent vaines. Je voulais bien reconnaître ma bonne fortune, quand bien même je n'avais pas approfondi l'échange avec Ben Walden. Je savais qui il était. J'avais vu son visage. J'avais entendu sa voix. Je savais d'où je venais.

« Avez-vous déjà eu affaire à un cas similaire au mien ? demandai-je. Des gens de 40-50 ans ignorant totalement…

— Oui, tout le temps. C'est même de plus en plus fréquent. Les gens font des tests ADN juste pour s'amuser et se prennent la claque de leur vie. Il y avait une telle culture du secret… Parfois la mère avoue tout après la mort du père. D'autres fois, c'est une lettre qu'on laisse dans un coffre-fort... »

Je regardais passer les voitures sur Wilshire Boulevard. Ma voisine ne semblait pas pressée de partir.

« En ce qui me concerne, je suis certaine que mes parents ne savaient pas, repris-je. À mon avis, Farris a dû utiliser le sperme d'un donneur à leur insu. »

Silence à l'autre bout du fil.

« Qu'est-ce qui vous fait dire ça ? »

Je m'étais penchée sur ce que la *halakhah*, la loi hébraïque, dit de l'insémination artificielle. Cette pratique n'est pas simplement proscrite ; elle est considérée comme une abomination. Ce mot me révulsait. *Abomination*. Est-ce à dire que j'étais moi-même une abomination ? Selon la loi juive, seul le donneur endosse la paternité. Pas le père stérile. *Ton père reste ton père.* Pas d'après les rabbins.

« Mon père était un juif pratiquant, confiai-je à Wendy Kramer, il n'aurait pas supporté d'ignorer si son enfant était juif ou non. »

C'est ce que ma mère avait dit. La phrase m'était restée en mémoire toutes ces années. Plus tard, Michael me ferait remarquer qu'en réalité, ma mère n'avait pas répondu à la question que je lui avais posée. Elle avait posé une autre question à la place. Et sa formulation n'était pas anodine. Ignorer si l'enfant était juif. Et non pas : ignorer si l'enfant était le sien.

« Vos parents savaient forcément », affirma Wendy Kramer.

Ma voisine de table recula sa chaise, se leva et prit tout son temps pour rassembler ses déchets.

« C'est impossible. »

Pliée en deux sur mon cahier, je griffonnais. Je m'efforçais de consigner notre conversation pour la reprendre à tête reposée. Cette idée était impensable. Littéralement. Il m'était tout bonnement impossible de concevoir que mes parents aient pu savoir tout au long de notre vie familiale. Qu'ils m'aient volontairement menti, exclue d'une vérité aussi fondamentale. Qu'en me regardant vivre, moi, leur unique enfant, ils aient su que je n'étais pas le fruit de leur union mais que j'avais été engendrée par un étudiant en médecine anonyme. Il devait y avoir une autre explication, un médecin véreux qui les avait trompés. Je m'accrochais à la seule version qui m'était supportable. Quelques jours plus tôt, une amie cultivée, l'enseignante bouddhiste Sylvia Boorstein, m'avait expliqué que ma situation lui faisait penser à une illustration du *Petit Prince* d'Antoine de Saint-Exupéry. À première vue, le dessin représente un grand chapeau vert. Mais à y regarder de plus près, il s'agit en réalité d'un boa constrictor ayant avalé un éléphant. J'étais ce serpent. Qui, trop plein de l'éléphant, s'étouffe.

« Disons que votre mère au moins devait savoir », précisa Wendy Kramer.

Pourquoi en était-elle si sûre ? Elle ne me semblait pas être le genre de personne à asséner des opinions sans fondement. Je songeai à ma mère, à son irascibilité. Son attitude possessive envers moi et dédaigneuse envers mon père. Était-ce possible ? Ma mère avait-elle pu orchestrer ma conception sans l'aval de mon père ?

« Les mères savent toujours », poursuivit Wendy Kramer. « J'ai discuté avec des milliers de personnes nées de don de sperme. J'ai entendu des milliers d'histoires. Je ne dis pas que c'est totalement impossible – mais je n'ai jamais rencontré un seul cas où la mère n'était pas au courant. »

# 24

Un autre souvenir, ou même pas un souvenir, plutôt un vestige exhumé des ruines de mon enfance. Tout comme je sens encore la main de Mme Kushner sur mon épaule, tout comme je revois le profil de ma mère sous les lumières du pont George-Washington, un autre moment me revient d'un bloc : j'ai 3 ans, et ma mère m'a emmenée du New Jersey, où nous habitions, jusqu'à New York, pour me faire tirer le portrait par Josef Schneider, le célèbre photographe pour enfants. Ce n'est pas la première fois que je me retrouve sous son objectif, mais c'est la plus ancienne dont j'ai gardé le souvenir. Ma mère avait rencontré Schneider à l'époque où elle travaillait dans la publicité, avant d'épouser mon père. Son passé de psychologue pour enfants lui est un atout formidable pour prendre en photo les petits. Il a l'art d'obtenir d'eux telle émotion, telle expression du visage et, quand rien d'autre ne marche, il les soudoie avec des bonbons.

*Clic !* Schneider me fait des grimaces. Il croit peut-être que je ne sais pas que le bouton qu'il a dans la main lui permet de déclencher l'obturateur. *Clic !* Ma mère est probablement tout près, qui assiste à la scène. Je viens de vérifier : le studio de Schneider se trouvait sur la 57e Rue Ouest. On y entendait sans doute confusément les bruits de la circulation en contrebas. Le souffle des bus, le hurlement des sirènes, les coups de klaxons. *Un petit sourire, Dani ! Coucou, Dani !* Quelque chose me dit que ce que nous faisons là est important pour ma mère. Que je ferais mieux de m'exécuter, et comme il faut. *C'est ça, très bien, Dani !* Comme à son habitude, elle aura prononcé mon nom en lui donnant une consonance étrangère, un brin exotique, en étirant le *a*. *Daaah-ni.*

C'est l'un des rares souvenirs que j'ai de mes premières années : l'obturateur, le bouton dans la main du photographe, la consonance de mon prénom dans la bouche de ma mère. Schneider n'était pas un simple portraitiste. Il s'était fait une spécialité de caster des bébés pour les publicités de marques comme Ivory Snow, Pampers, etc. Il recourait à tous les canaux possibles et imaginables pour recruter bébés et enfants : agents, managers, mères enamourées, hôpitaux. J'ai récemment exhumé un article sur lui paru en 1977 dans le magazine *People.* « Si l'on a un bon bébé sur quinze, c'est déjà pas mal, se plaignait-il au journaliste. Chaque bébé est unique, au même titre qu'une empreinte digitale. »

Le portrait de moi que Schneider prit lors de cette séance allait devenir l'affiche officielle de Kodak pour les fêtes de Noël. Sur un fond sombre, j'y apparais vêtue d'une robe chasuble noire et d'un chemisier blanc bouffant. Le haut de la robe est orné d'un coquelicot rouge vif. Affublée d'une coupe digne d'un chanteur hollandais des années 1980, je joue avec un petit train en bois transportant une demi-douzaine de lutins rouge et vert. Je fixe un point juste au-dessus de l'objectif, ce qui me donne un air grave, un peu inquiet.

D'après ma mère, les gens de Kodak, des clients de Schneider, seraient passés dans son studio peu de temps après qu'il avait fait mon portrait et auraient demandé l'autorisation de l'utiliser pour leur campagne d'affichage. Mes parents donnèrent leur accord, de sorte que l'on me vit bientôt sur l'immense Colorama surplombant le hall principal de la gare de Grand Central, à New York. Le poster resta affiché des années dans le magasin de jouets F.A.O. Schwarz. Et dans tout le pays, des amis, des membres de la famille me reconnurent sur cette publicité.

Autant que je m'en souvienne, cela nous faisait beaucoup rire, à la maison, qu'une petite fille juive soit ainsi exposée en train de souhaiter un excellent Noël à toute la nation. C'était impayable, tout de même ! Ma mère adorait raconter l'anecdote : elle m'avait emmenée en ville pour me faire tirer le portrait, au lieu de quoi les dirigeants de Kodak m'avaient repérée. Quand j'étais petite, une copie encadrée du poster trônait dans notre salon ; les visiteurs ne pouvaient pas le manquer. En dessous de ma petite bouille étonnée, une drôle d'illustration : sur un traîneau tiré par un cheval, un couple traversait un champ de neige.

Le biais de confirmation – un terme de psychologie que je n'avais jamais entendu auparavant mais qui allait me devenir très familier – désigne le processus par lequel notre esprit tend à confirmer ses croyances préalables. Qui est sujet au biais de confirmation recherche spécifiquement les informations susceptibles de le conforter dans ses croyances ou bien les interprète en ce sens, même quand il a sous le nez des preuves du contraire.

*Vous n'êtes pas juive*, avait certifié Mark Strand.

*Tu nous aurais été bien utile dans le ghetto*, avait déclaré Mme Kushner, la main dans mes cheveux.

*J'ai reçu une éducation orthodoxe, on cuisinait casher à la maison*, ai-je répondu un nombre incalculable de fois. *Je suis allée à la yeshiva. Je parlais hébreu couramment.* Et en réponse aux étonnés, aux incrédules : *Je sais. C'est dingue. J'ai même été choisie comme modèle par Kodak pour son affiche de Noël.*

*

Un jour, après notre retour dans le Connecticut, Michael, qui contemplait le poster désormais affiché dans la salle de bains de Jacob, me dit :

« Cette image a été conçue dès le départ comme une pub de Noël.

— Comment ça ?

— Tu joues avec des lutins rouge et vert. Regarde ! »

Je me plaçai à côté de lui, examinai cette photo qui, aussi loin que je m'en souvienne, avait fait partie de mon roman personnel et, pour la première fois, j'enregistrai la vérité de ce que j'avais sous les yeux. C'était indéniable. Les chapeaux pointus rouge et vert des lutins évoquaient des sapins. Le portrait tout entier était aux couleurs de Noël, jusqu'à la robe noir et rouge que je portais. Ce n'était pas la commande d'une mère juive du New Jersey. C'était un portrait délibérément mis en scène pour une pub de Noël.

« Y a-t-il d'autres photos où tu portes cette robe ? » demanda Michael.

Non. Non, il n'y en avait pas.

Peut-être Josef Schneider avait-il appelé ma mère pour lui suggérer de me faire participer au casting pour la pub Kodak. À moins qu'elle ne l'ait fait d'elle-même. Vu son mépris pour ces mères qui poussent leurs enfants sous les feux de la rampe, elle ne l'aurait jamais avoué. Mais, l'opportunité se présentant, elle n'aurait su résister à l'attrait, à la tentation des projecteurs. Sa fille, sa fille obtenue de haute lutte, son unique enfant – si étonnamment jolie, si scandaleusement blonde – présentée comme le symbole même de la petite Américaine ! Sur le trajet du retour, elle avait dû s'échiner à forger un mensonge crédible à servir à mon père. Ma mère pouvait être assez convaincante quand elle s'était mis en tête d'obtenir quelque chose. « Paul, tu ne devineras jamais ce qu'il nous est arrivé ! Les types de Kodak, ils veulent Dani sur leur affiche de Noël ! Ce serait tellement drôle, tu ne trouves pas ? »

Elle : son regard fuyant, son grand sourire factice. Son souci de l'effet produit, ses mots qui donnaient toujours l'impression d'avoir été répétés à l'avance. Lui : ses épaules voûtées, ses lèvres tombantes. Sa présence-absence. La rage de ma mère. Le chagrin de mon père. Sa susceptibilité à elle. Sa fragilité à lui. Leurs engueulades. Leurs querelles à mi-voix derrière la porte de leur chambre. Quand j'étais petite – à peu près à l'âge où je jouais avec les lutins et le train rouge et vert –, je collais mon oreille à la porte. J'écoutais de toutes mes forces. *Vos parents savaient forcément*, avait dit Wendy Kramer. *Votre mère au moins devait savoir.* Ma mère est enterrée dans un cimetière du New Jersey, près de la côte. Les ossements de mon père reposent dans le caveau familial des Shapiro à Bensonhurst, Brooklyn. Et moi, j'écoute encore de toutes mes forces.

## 25

Cet été-là, qui battit des records de chaleur, fut pour moi la saison des messages mûrement pesés. Je le passai installée dans la pièce la plus fraîche et la plus sombre de la maison, à rédiger toutes sortes de demandes et de sollicitations improbables. À commencer par le mot que j'envoyai à Haskel Lookstein, un rabbin très respecté de New York qui avait connu mon père. Je venais de faire une découverte surprenante quant à mes origines paternelles, lui expliquai-je par e-mail, et je souhaitais discuter avec lui de la *halakhah*, dont il était un grand expert.

Mon message parvint au rabbin alors qu'il sortait tout juste d'une vive controverse. Il avait accepté de prononcer une bénédiction lors de la Convention nationale républicaine, ce qui avait déclenché un tollé au sein de la communauté qui fréquentait sa synagogue de l'Upper East Side. Malgré son revirement, il était probablement encore aux prises avec les répercussions de la polémique. Aussi n'étais-je pas sûre, en lui envoyant mon e-mail, qu'il aurait l'énergie de me recevoir. Il avait tout de même

84 ans. Pourtant, je n'eus guère à attendre. Il me répondit le jour même, m'invitant à passer le voir à son bureau de l'école Ramaz, la yeshiva fondée par son père.

Le jour du rendez-vous, j'écumai mon placard en quête d'une tenue appropriée. Il faisait une chaleur écrasante. Ma jupe d'été la plus longue m'arrivait cinq centimètres au-dessus du genou. Je devais aussi me couvrir les épaules. Je vérifiai le résultat dans le miroir de ma chambre, me tournant d'un côté, puis de l'autre, avec le sentiment déplaisant que cela ne convenait pas tout à fait. Cette impression de non-conformité m'était, du reste, familière : elle m'assaillait chaque fois que je pénétrais dans le petit monde des juifs pratiquants.

Aux abords du bureau de Lookstein, les trottoirs miroitaient sous le soleil. Deux camions garés en double file avaient créé un embouteillage à l'angle de Lexington Avenue et de la 85e Rue. En avance au rendez-vous, j'attendais à l'ombre d'un auvent en face de l'entrée de l'école Ramaz. Encore une fois, la tête me tournait, j'étais comme prise de vertige. Le bruit d'un marteau-piqueur me fit sursauter. La perspective de cette entrevue avec Lookstein me rendait décidément nerveuse. Il devait être un tout jeune rabbin à l'époque où mes parents faisaient ces allers-retours à Philadelphie. Se pouvait-il que mon père l'ait consulté au sujet de la *halakhah* ? Le rabbin avait peut-être été un témoin direct des circonstances de ma conception ? Ou pas. Peut-être, à l'inverse, ne savait-il rien du tout, pour la bonne raison que mon père lui-même ignorait tout.

Le bâtiment de brique rouge qui, de l'autre côté de la rue, jouxte la façade sculptée de la synagogue, a abrité un peu de l'histoire de mon père. Il avait certainement assisté à des offices à la Kehilat Yeshouroun avec sa première femme, la mère de Susie. Je les voyais d'ici : un couple élégant, franchissant le porche voûté dans ses plus beaux habits de shabbat. Sans doute y avait-il aussi emmené sa deuxième épouse, Dorothy, avant que la maladie n'entre dans sa phase finale. Ce n'est qu'avec ma mère qu'il y avait renoncé, au profit d'un nouveau départ dans le New Jersey.

À la synagogue, la mélodie et le texte de certaines prières, de certains chants m'ont toujours ramené la voix de mon père : je l'entends alors murmurer à mon oreille, trompant des décennies d'absence. *Adon olam, asher malakh.* J'ai toujours senti sa présence dans ces lieux sacrés, qui furent son véritable foyer. Et là, maintenant, je le voyais de nouveau, tandis que j'attendais à moins de cent mètres des portes closes de la Kehilat Yeshouroun. Je sentais sous mes doigts l'étoffe douce et usée de son châle de prière, les franges soyeuses avec lesquelles je jouais quand j'étais petite. *Beterem kol, yetsir nivra.* Comment avais-je pu à la fois être si proche de mon père et me sentir si étrangère à son monde ?

Une fois passé la sécurité, je montai lentement l'escalier menant au bureau de Lookstein. L'ambiance était calme, feutrée. L'école n'était pas ouverte à cette période. Assise à l'accueil, je feuilletai quelques numéros du magazine *Eretz*. Je sortis mon portable de mon sac et envoyai un texto à Michael. *Ma jupe la plus longue est la plus courte de tout le bâtiment.*

Le rabbin Lookstein était un homme svelte à la fine barbe blanche. Il m'invita à entrer dans son bureau, une pièce encombrée d'objets et tapissée de livres. Sur le mur d'en face, derrière son bureau, il y avait un portrait de Joseph Soloveitchik, un autre rabbin orthodoxe très apprécié, jadis proche de ma famille. Il était tenu pour avoir été le plus grand chef de file du judaïsme orthodoxe au XXe siècle. Posé au sol près de la porte se trouvait un immense tirage d'une photo de Lookstein au Citi Field, près du banc de touche, arborant le T-shirt et la casquette des Mets. L'un des propriétaires de l'équipe devait faire partie de sa congrégation.

Il s'assit dans un fauteuil en face de moi. « Je crois savoir ce qui t'amène », dit-il d'emblée. Vraiment ? Tout ce que je lui avais dit, c'est que j'avais des questions en lien avec mon père. Qu'avait-il bien pu en conclure ? Je me préparai à toute éventualité.

« Ta mère a été mariée une première fois avant d'épouser ton père, poursuivit-il, et tu crains qu'elle n'ait pas reçu son *guet* en bonne et due forme. »

Le *guet* est le divorce juif. C'est donc à cela qu'avait songé le rabbin ! Quel autre problème aurais-je bien pu avoir à lui soumettre ? À cet instant précis, je compris que Lookstein ne savait rien du tout au sujet de mes parents. Pas de souvenir à exhumer, donc pas de dilemme moral quant à l'opportunité de dévoiler une vieille conversation. J'étais extrêmement soulagée. J'avais tant besoin de croire que mon père avait été, comme moi, dans l'ignorance totale.

« Heu… non, répondis-je, c'est un peu plus compliqué que ça. »

Je me lançai dans le récit de mon histoire, que je savais désormais dérouler sans me laisser submerger par l'émotion. Je commençai par le résultat de mon test ADN.

« Je ne suis même pas sûr que la *halakhah* reconnaisse ce genre de tests », me coupa-t-il. Puis il me laissa poursuivre, calme et attentif, les mains croisées sur les genoux.

Quand j'eus terminé – je ne racontai que les éléments déterminants, passant sous silence ma correspondance avec Ben Walden qui, dans ce contexte, pouvait apparaître comme une trahison envers mon père –, il opina du chef en caressant sa barbe.

« Qu'est-ce qui te préoccupe, au juste ? » finit-il par me demander.

Jusqu'ici j'avais réussi à contenir mon émotion, mais je me mis soudain à pleurer.

« Je me demande si mon père savait… la *halakhah*… enfin, ça paraît tellement incroyable qu'il ait pu faire ça. À moins que ma mère n'ait agi à son insu…

— Tu ne sauras jamais », m'interrompit le rabbin.

*C'est mal me connaître*, avais-je envie de répondre. *Tu ne sauras jamais* : la sentence était inacceptable. *Tu ne sauras jamais* ne pouvait tout simplement pas être la conclusion de l'histoire. Qui étais-je, sinon, privée de mon passé ?

Lookstein m'adressa un long regard interrogateur.

« Que te dire pour t'apaiser ? demanda-t-il.

— La vérité.

— En tout cas, je te rassure, dit-il, tu es bien juive. Ta mère était juive. L'enfant né d'un ovule juif, d'une mère juive, est toujours juif. Donc tu n'aurais pas eu à te convertir de toute façon. »

Ces considérations ne m'avaient pas traversé l'esprit, et à vrai dire, je m'en moquais. C'était d'ailleurs pour moi un sujet d'étonnement parmi d'autres : combien la reconnaissance de ma judéité m'importait peu.

« Ton fils aussi est juif. Sans aucun doute. Si la mère est juive, le fils est juif. » Il avait dit cela avec bienveillance et compassion.

« Mais pensez-vous que mon père aurait pu, dans une telle situation, solliciter l'avis d'un rabbin ? repris-je. Et, le cas échéant, qu'est-ce que vous, ou un autre rabbin, lui auriez dit ? »

Lookstein avait des petits yeux bruns et tristes de basset fichés dans un visage élégant et délicat. Il croisa les jambes, porta deux doigts à ses lèvres. Son regard alla se poser sur le portrait de Joseph Soloveitchik derrière son bureau.

« *Kol hakavod* à ton père », dit-il soudain. *C'est*

*tout à son honneur.* « Si, Dieu m'en préserve, je m'étais trouvé moi-même dans cette situation et que ma femme avait désespérément voulu un enfant, j'aurais accepté cette issue.

— Qu'est-ce que vous dites ? » Mon cœur sautait dans ma poitrine. Autour de nous, la pièce se dilatait puis se repliait tel un accordéon. « Vous pensez donc qu'il savait ?

— Oui, admit Lookstein.

— Mais… la *halakhah*…

— À la décharge de ton père, je crois qu'il désirait vraiment voir ta mère porter un enfant. Accomplir la *mitzvah* de *prou ourvu*, les premiers mots de Dieu à Adam. Croissez et multipliez. »

Cette version de l'histoire refusait d'entrer dans ma tête. Le raisonnement de ma mère réduit à néant. C'était impensable. Mon père avait bien des failles. Il était anxieux, extrêmement angoissé. Il lui arrivait de perdre son sang-froid. Il avait une tendance à la dépression. Mais c'était un homme foncièrement honnête. Un honnête homme aurait-il pu cacher la vérité à sa fille sur ses origines ?

« Donc, d'après vous, mon père aurait agi en connaissance de cause ?

— D'après moi, précisa Lookstein, il a surtout dû songer qu'il accomplissait une *mitzvah* capitale. »

Après être sortis de l'école, le rabbin et moi nous sommes dirigés vers Park Avenue. Il marchait les mains dans le dos, un chapeau de paille sur la tête.

Quant à moi, j'avais le pas moins assuré qu'un octogénaire. Je ne croyais pas à cette histoire. Et je n'étais pas très sûre non plus que Lookstein y croie. Je revenais à sa première remarque : *Tu ne sauras jamais.*

Le soleil tapait fort. Nous croisions sans cesse des gens qui le saluaient, à qui il répondait en soulevant son chapeau. *Bonjour, monsieur le rabbin. Bon après-midi, monsieur le rabbin.* Ce quartier était son fief. Essayait-il simplement d'apaiser mon esprit ? Était-ce là son jugement rabbinique : que le plus important était d'alléger ma peine ?

« Ta question était plus ardue que ce à quoi je m'attendais, reconnut-il. Si tu me laisses ton numéro de téléphone, j'aimerais en parler à un ami, le grand rabbin de Jérusalem, qui aura peut-être un autre avis sur la *halakhah*. »

Tandis que nous tournions au coin de Park Avenue, Lookstein évoqua mon père avec beaucoup de tendresse. C'était réconfortant d'être en présence de quelqu'un qui l'avait connu. C'était devenu si rare. Lookstein et mon père avaient fait partie du même petit cercle pendant un certain nombre d'années, avant qu'il rencontre ma mère. Quand j'avais écrit cet article pour le *New Yorker* sur le mariage tragique de mon père avec Dorothy, j'avais eu l'occasion d'interroger la sœur de Lookstein, qui avait été mariée au meilleur ami de mon père. Ces jeunes gens formaient un groupe très uni dans le Manhattan d'après-guerre, ils étaient manifestement comblés par la vie qu'ils menaient, rythmée par les rituels et la foi. Mais alors même qu'il baignait dans ce bonheur simple, le malheur avait frappé mon père. Divorcé. Puis veuf. Le grand Rabbi de Loubavitch Menachem Schneerson en personne lui avait conseillé de reporter son mariage jusqu'à la mort de Dorothy, mais mon père n'avait pu se résoudre à lui faire cette peine. Il préféra s'engager dans un acte irrémédiable et son cortège de conséquences déchirantes. Il emprunta la voie la plus raide et la plus ardue par amour pour cette femme.

Nous nous quittâmes à l'angle de la 84ᵉ et de Park Avenue. Lookstein souleva son chapeau pour me saluer. Était-ce mon imagination ? Ses yeux étaient brillants de larmes.

« Pour nous, ton père était un héros », dit-il.

## 26

Trente-six heures séparaient le moment où j'avais découvert que mon père n'était pas mon père biologique et celui où Ben Walden était apparu sur mon écran d'ordinateur. Cela me laissait perplexe. Trente-six heures. C'était comme dans cette vidéo, où l'on voyait un petit Australien résoudre un Rubik's Cube en 7,36 secondes. Incroyable mais vrai. Jamais je n'aurais la tentation de me faire tatouer le numéro de mon donneur. Jamais je ne commanderais un pendentif « Parent-on-a-chain ». J'avais de la chance.

Ben était vivant. En bonne santé. Pas si vieux que ça. Et, en tout cas pour le moment, il était disposé à échanger avec moi. Mais qu'attendais-je de lui, au juste ? Ben Walden n'était pas le cœur de l'histoire pour moi. Il n'était pas la fin du mystère, mais plutôt son commencement. Ma visite au rabbin Lookstein ne m'avait pas apaisée. Au contraire : elle n'avait fait qu'ajouter à ma confusion. Je ne cessais de réécrire mon histoire, tant et si bien que, dans ma tête, c'était comme un tableau noir avec des mots à moitié effacés, un brouillard de craie étalée. Ma mère avait-elle menti ? Avait-elle bénéficié de la complicité du docteur ? Sinon, pourquoi mon père aurait-il eu besoin de se précipiter à Philadelphie ? Oui, mais d'un autre côté il y avait Lookstein. *Kol hakavod.* Les scénarios possibles semblaient infinis. Et chacun de ces possibles jetait sur mon passé une lumière différente.

Je me plongeai dans la lecture de livres et d'articles tirés de vieux magazines ou de revues savantes, qui s'empilaient à même le sol de mon bureau, sur ma table de nuit, sur le plan de travail de la cuisine – *Lethal Secrets* (Secrets fatals), *Artificial insemination* (L'Insémination artificielle), *Personhood Revisited* (L'Identité en question) –, pour me faire une idée de l'atmosphère culturelle qui régnait à l'époque de mes parents. En 1961, on préparait à Broadway la création de *Qui a peur de Virginia Woolf ?* d'Edward Albee, une peinture féroce du déchirement d'un couple sans enfant. D'après un sondage paru dans *Newsweek*, 0 % des Américains considéraient le fait de ne pas avoir d'enfant comme la configuration familiale idéale. Dans quel état de désespoir avaient pu se trouver mes parents ? Et quels actes désespérés avait pu susciter un tel état ? Un article de 2010 intitulé « My Daddy's Name Is Donor » (Le nom de mon père est Donneur) dressait un tableau saisissant :

> *La procréation par don de gamètes s'est toujours faite sous le sceau du secret, l'anonymat assurant*

*l'opacité propre à empêcher toute intrusion. Pendant des années, le monde médical a brandi l'anonymat comme la réponse à tous les problèmes soulevés par le don de sperme ou d'ovule. L'anonymat évite au donneur d'avoir à regarder cette vérité en face : en donnant une partie de son corps, il a peut-être contribué à la naissance d'un enfant. L'anonymat protège les parents peu désireux de voir un étranger s'immiscer dans leur famille – parents qui d'ailleurs choisissent souvent de ne rien dire à leurs enfants. Enfin, l'anonymat facilite assurément l'achat et la vente de sperme et d'ovules, dès lors qu'ils sont assimilés à des produits, et non plus à un être humain, complet et unique, qui continuera à vivre longtemps après le « don ». Pour citer le directeur d'une des plus anciennes banques de sperme américaines, « [s'il n'y avait pas l'anonymat], nous perdrions les gens les plus intelligents, les plus formidables qui, à mon avis, se poseraient davantage de questions… « Est-ce que je veux vraiment me mettre dans une situation où, un jour ou l'autre, on pourrait me retrouver et me contacter ? »*

Dans ses échanges avec moi, Ben se montrait extrêmement prudent. J'avais l'impression que le moindre de ses e-mails était d'abord ausculté par plusieurs personnes : sa femme, peut-être ses enfants. L'un de ses fils était avocat. Jamais auparavant je ne m'étais retrouvée dans ce rôle, d'être moi-même le pire cauchemar de quelqu'un, mais là, c'était certainement le cas. Ben était un type bien, doté d'un profond sens moral. Il aurait pu m'ignorer. Ou cesser de me répondre. Jusque-là, il s'était montré réceptif, mais il n'était sans doute pas ravi de cet enfant biologique surgi de nulle part, qui menaçait de chambouler sa vie.

Quand nous sommes rentrés de San Francisco, j'ai dit à Michael que tout ce que je voulais, c'était obtenir la confirmation que Ben était bien mon père biologique et récupérer un maximum de données médicales. C'était déjà plus que ce que la plupart des gens dans mon cas obtenaient. J'avais vu son visage. J'avais eu l'occasion de l'observer en situation, de voir sa gestuelle, son sourire. Je savais d'où je venais. Cela me suffirait. Aussi aurais-je dû me sentir soulagée quand, un matin très tôt, j'ai ouvert un e-mail de Ben contenant précisément ce que j'avais espéré : des renseignements sur une maladie oculaire rare et héréditaire qu'il s'était découverte en passant le cap des 70 ans, mais aussi l'assurance qu'il n'y avait eu ni cancer, ni problèmes cardiaques, ni Alzheimer dans sa famille.

Pourtant, il y avait autre chose, quelque chose que je ne parvenais pas complètement à identifier. Ben m'écrivait qu'il avait décidé de ne pas faire de test ADN car la politique de confidentialité des sites de test en ligne ne lui inspirait pas suffisamment confiance. Il avait, m'expliquait-il, discuté de la situation avec sa femme et ses enfants. Sa famille souhaitait une discrétion absolue dans cette affaire. *Situation. Affaire. Confidentialité, discrétion.* Ces mots me mettaient mal à l'aise, mais au-delà de la gêne je ressentais autre chose, qui ne m'était pas habituel. Au fil des jours, je me sentais accablée d'un poids étrange, ambivalent. J'avais envie de me cacher. Je compris soudain : c'était de la honte. La famille Walden souhaitait de la discrétion « dans cette affaire », c'est-à-dire à mon sujet.

Que voulais-je de plus ? N'avais-je pas reçu les informations qui devaient me rendre mon intégrité ? Avant tout, je voulais éradiquer cette terrible honte, cette impression d'être défaillante, étrangère, de trop, comme si mon existence même était une erreur. C'était précisément pour cela, je le comprenais maintenant, que j'avais inclus un lien vers mon site personnel dans mon premier e-mail à Ben. Ce n'était pas seulement pour qu'il constate que je n'en voulais pas à son argent. C'était une façon de dire : *Vous voyez ? Je suis une personne bien réelle : j'ai une vie comblée, bien remplie, et une famille à moi.* Je n'étais pas juste cette chose produite à Philadelphie un matin au hasard, un matin parmi tant d'autres, sans doute, où il avait éjaculé dans un tube, rentré sa chemise dans son pantalon, empoché quelques dollars avant de retourner en cours d'anatomie.

Je comprenais parfaitement qu'il n'ait pas envie de se confronter à quelque chose d'aussi indécent. Ben était un gentleman, un érudit avec une belle carrière derrière lui, et aujourd'hui il était grand-père. Je réalisais aussi qu'il avait été donneur sous le sceau du secret, le voile opaque de l'anonymat qui avait cours à l'époque. En 1961, cela ne faisait que neuf ans que Watson et Crick avaient découvert l'ADN. Imaginer qu'un jour il suffirait de cracher dans un tube pour connaître son patrimoine génétique relevait de la pure science-fiction.

Mais voilà : j'étais là. Une vérité embarrassante effectivement née de son corps. Une conséquence de ses actes. Un être humain complet et unique dont l'existence s'était poursuivie bien après que le « don » avait eu lieu. Mon existence était due au fait même qu'il n'ait jamais imaginé se retrouver dans ce genre de situation. Et à présent, mon souhait – sachant parfaitement que l'exprimer risquait de compromettre notre dialogue déjà si fragile – était de le rencontrer. Être en présence, juste une fois, de cet homme dont j'étais issue. *Faites attention*, m'avait avertie Wendy Kramer, *il est médecin. Il a l'habitude de contrôler les choses. Mettez un pied dans la porte, mais laissez-le mener le jeu.*

J'attendis le milieu de l'été avant d'adresser ma requête à Ben Walden, à savoir que j'aimerais venir à Portland prendre un café avec lui. Dans les conditions qui lui conviendraient. Je m'imaginai assise en face de lui dans un café – il y en avait plein, à Portland –, le regardant dans les yeux, ses yeux si similaires aux miens. J'avais visionné ses vidéos sur YouTube peut-être une dizaine de fois, sans cesser de m'étonner de nos ressemblances. Je ne lui demandais rien de plus. Et je continuerais à respecter sa vie privée, qu'il se rassure. J'espérais qu'il considérerait sérieusement ma proposition, qu'il accepterait que l'on se rencontre, juste une fois. Cela prendrait du temps, encore, avant que l'irréel devienne réel.

*À : Dani Shapiro*
*De : Dr Benjamin Walden*
*Re : re : re : Message important*

*Chère Dani,*
*Merci pour votre gentil message. Je ne me suis pas encore vraiment fait à l'idée que j'ai une fille biologique, et que je l'ai ignoré pendant cinquante-quatre ans.*
*Je suis très occupé en ce moment ; je réfléchis à votre proposition. J'ai besoin d'un peu de temps pour vous répondre à tête reposée. Je vous ferai part d'ici quelques semaines de ma décision (qui dépendra aussi de l'avis de ma famille).*
*Bien à vous,*
*Ben*

# 27

L'heure était venue de parler à Jacob. Tout juste rentré de son stage d'été, il reprenait ses marques à la maison. Je n'avais pas voulu lui faire part de cette étrange nouvelle pendant son séjour en Californie, craignant de le perturber. Mais je ne pouvais me taire plus longtemps. Je l'avais élevé sans jamais rien lui cacher – peut-être à tort. Ayant grandi pour ma part dans une maison où l'atmosphère était lourde de non-dits, j'avais mis un point d'honneur à ce que Jacob évolue dans un cadre où règnent sincérité et transparence.

Tandis que je réfléchissais à la meilleure manière et au meilleur moment de le lui dire, je me demandai, comme déjà à L.A., dans quelle mesure tout cela l'affecterait. Quel intérêt un jeune homme de 17 ans pouvait-il bien porter à son patrimoine génétique ? Michael, de son côté, relevait surtout le fait que Jacob avait un nouveau grand-père, encore vivant. Mais mon fils considérerait-il Ben comme son grand-père ? J'en doutais.

N'ayant jamais connu mon père, Jacob vivrait-il

cette révélation comme une perte ? Telles étaient les questions qui m'habitaient tandis que je préparais le plat préféré de mon fils – steak grillé, brocolis rôtis, spaghetti au beurre et au parmesan –, comme si un bon repas pouvait tout arranger.

Les repas en famille ont toujours été un pilier de notre vie commune, et ce depuis que Jacob a su se tenir assis dans sa chaise haute. Il y a tant de façons de faire que j'ai adoptées en réaction à celles de mes parents. J'ai toujours été consciente de m'être construite en opposition à ma mère. Mais je ne m'étais jamais rendu compte à quel point j'avais façonné notre vie de famille en prenant le contre-pied de mes propres souvenirs. Enfant, je dînais le plus souvent toute seule. S'il m'arrivait de dîner avec mes parents, c'était toujours dans la salle à manger. La maison de mon enfance était protocolaire et froide. Celle où je vivais depuis quinze ans avec Michael et Jacob était simple et chaleureuse. Mais plus que tout, ce qui me tenait à cœur, c'est que chacun s'y trouve bien. Je voulais rire avec mon fils. Je voulais qu'il se sache en confiance avec moi. Et rien ne me faisait plus plaisir que de le voir si complice avec son père. Tous deux partageaient plusieurs passions – notamment la musique et les Red Sox, l'équipe de base-ball de Boston –, et ils avaient leurs discussions bien à eux.

Michael venait d'une famille nombreuse. Ses parents étaient toujours vivants et avaient toujours beaucoup compté pour Jacob, qui avait aussi des oncles, des tantes et une ribambelle de cousins. Cela m'avait rendue triste de ne pouvoir lui offrir la même chose de mon côté. Plus de grands-parents, une demi-tante pas très impliquée et des cousins hyper-religieux avec qui il n'avait absolument rien en commun. Je m'étais efforcée d'encourager la relation entre Jacob et la sœur cadette de mon père, Shirley, très ouverte d'esprit bien que très pratiquante. L'année précédente, nous lui avions rendu visite à Chicago. Mais force était de constater que les liens entre Jacob et ma famille étaient rares et ténus.

Je repensai à la bar-mitzvah de Jacob. Mon fils tenait ce jour-là une pochette en velours bleu contenant l'immense châle de prière de mon père, jauni depuis l'époque où, petite fille, je jouais avec à la *shoul*, la synagogue. Il nageait dedans, et ma tante Shirley nous avait envoyé une paire d'attaches en argent gravées pour mieux le maintenir sur ses frêles épaules.

*Ça, c'est le* talith *de mon père. Ça se met comme ça, en t'enveloppant dedans. Et ces attaches appartenaient à ton arrière-grand-père.*

Ce jour-là, il y a presque cinq ans, j'avais eu un sentiment d'accomplissement. Mon fils, enveloppé dans le châle de prière de son grand-père. Une cérémonie moderne, à plusieurs facettes, à laquelle j'avais énormément réfléchi pour qu'elle soit à notre image tout en honorant mon père et son héritage. Si les membres de la famille les plus orthodoxes n'avaient pas assisté à la bar-mitzvah de Jacob, je savais que j'avais leur bénédiction. Au côté de mon fils, devant la famille et les amis réunis, j'avais dit combien son grand-père aurait été fier de lui. *Ledor vador.*

« Mon grand, nous avons quelque chose d'important à te dire. » Tandis que nous passions à table, Jacob prit soudain un air sérieux. « Rien de grave, ne t'inquiète pas », ajoutai-je sans plus attendre. Je me lançai de nouveau dans le récit de mon histoire, mais je sentis tout de suite que c'était différent des autres fois. Qu'il en ait eu conscience ou non, Jacob était concerné. Je lui donnais là une pièce manquante de sa propre histoire. En face de moi, Michael m'écoutait dérouler les détails sans mot dire : le test ADN, son surprenant résultat, l'absence de tout lien biologique avec Susie, le mystérieux cousin germain. L'insémination artificielle, la découverte du jeune étudiant en médecine de l'université de Pennsylvanie. Ma voix tremblait. Je m'efforçais de ne pas pleurer. Expliquer à Jacob que mon père n'était pas son grand-père, c'était comme défaire l'œuvre de toute une vie, voire de plusieurs vies. Quand il eut compris, Jacob se pencha par-dessus la table et me prit la main. « Ça va, Maman ? » Puis il repoussa sa chaise bruyamment, fit le tour de la table et me prit dans ses bras. Mon beau Jacob, qui ne serait pas là si les choses s'étaient déroulées autrement. Les chiens cherchaient des miettes sous la table. Tandis que je serrais fort mon garçon contre moi, je me répétais intérieurement que tout ce que j'avais construit – ma famille, ma personnalité – restait identique. Ma découverte changeait tout et en même temps ne changeait rien. Ma vie était semblable à l'un de ces puzzles immenses et complexes qui, une fois terminés, présentent au verso une image totalement différente du recto : un tramway à San Francisco et le Golden Gate Bridge. Les tournesols de Van Gogh et un autoportrait. Mêmes pièces. Même matériau. Même forme. Mais autre dessin.

Jacob digérait lentement la nouvelle ; il ne posa que quelques questions, toutes à propos de Ben.

« Est-ce qu'il est toujours vivant ?

— Oui. »

Volontairement, je n'avais pas indiqué à Jacob le nom de famille de Ben. Je ne voulais pas qu'il file dans sa chambre plonger dans le monde merveilleux de Google. Je voulais aussi protéger mon fils, ignorant encore quelle issue Ben donnerait à ma proposition de nous voir, rien qu'une fois, autour d'un café.

Il enregistra d'un petit signe de tête.

« Tu vas le rencontrer ?

— Je ne sais pas. J'aimerais bien. J'espère.

— Je pourrai le voir, moi aussi ?

— Attendons un peu… »

Je résistai au besoin absurde de dire à Jacob que son grand-père était toujours son grand-père. Qu'est-ce que cela pouvait bien signifier pour lui ? Pour lui, mon père était une abstraction, un ancêtre, rien de plus. Toutes ces histoires, le *talith*, le petit garçon au chapeau melon sur les photos sépia peuplant la maison, c'est pour moi que c'était important. Mais elles n'avaient pour mon fils guère plus de réalité que les fables et les contes de fées que je lui lisais quand il était petit.

Jacob se rassit à table et se mit à couper son steak. Je me sentis soudain affamée moi aussi, soulagée que cette conversation, que j'appréhendais, soit désormais derrière nous. Tandis que je le regardais avaler son dîner avec cet appétit réjouissant propre aux adolescents, je me demandais si cette soirée resterait à jamais gravée dans sa mémoire ou si elle tomberait aux oubliettes, dans la catégorie des événements bizarres mais pas graves. L'air perdu dans ses pensées, il passa la main dans sa tignasse blond foncé. J'attendais de voir s'il avait encore des questions ou si nous allions passer à autre chose. Il y avait un match des Red Sox ce soir-là. Jacob et Michael voudraient certainement le regarder après dîner.

Il but une grande gorgée d'eau, s'apprêta à dire quelque chose mais se retint au dernier moment.

« Oui ? Tu peux me demander ce que tu veux, tu sais. »

Sa main balaya de nouveau ses cheveux.

« Ben… je me disais… du coup, peut-être que je ne finirai pas chauve ? »

Michael et moi avons éclaté de rire. Mon père et mon grand-père avaient effectivement le crâne aussi lisse qu'une boule de billard. Et, je ne le savais pas, mais Jacob craignait d'hériter de cette calvitie. Ben Walden, en revanche, avait une chevelure abondante.

«Non, sans doute pas, mon chéri», répondis-je, heureuse qu'il soit capable de blaguer en la circonstance. «Je n'avais pas pensé à cet avantage.»

[illegible]

28

[illegible]

d'une adresse exc[illegible]nnelle. E[illegible] l'avais plus [illegible]une fois entendue dire que le cab[illegible]et de son gyné[illegible]logue sur Park Avenue était [illegible]ssé de pho[illegible]

# 28

Ce fameux premier soir – quand Michael, assis dans la cuisine, avait cherché sur Internet les mots *institut* et *Philadelphie* –, il était ressorti très vite que mes parents auraient pu se tourner vers d'excellents établissements plus près de chez eux. L'école de médecine de l'université Cornell était encore hébergée à l'époque par l'Hôpital de New York. La clinique Margaret-Sanger était réputée. Et une heure et demie plus au nord, à New Haven, le département d'endocrinologie reproductive de l'école de médecine de Yale était la référence absolue dans le domaine.

Ma mère se targuait de toujours opter pour ce qu'il y avait de mieux – qu'il s'agisse de vêtements, de meubles, d'œuvres d'art ou de bijoux. À l'article de la mort, elle avait encore jugé bon de me préciser que la veste Armani dans son placard avait conservé ses étiquettes et que sa double rangée de perles était d'une finesse exceptionnelle. Et je l'avais plus d'une fois entendue dire que le cabinet de son gynécologue sur Park Avenue était tapissé de photos de stars de cinéma accompagnées d'autographes et de mots de remerciements. Elle aimait à s'imaginer en compagnie d'Ava Gardner ou de Rita Hayworth. Mais alors comment mes parents avaient-ils atterri à l'institut Farris pour la parentalité ? Farris avait-il quelque chose de spécial ? Mes parents avaient-ils décidé d'aller plus loin pour écarter tout risque de croiser une connaissance ?

Ma mère avait bien précisé qu'Edmond Farris était un médecin de stature mondiale, un pionnier dans son domaine. Si c'était le cas, il était surprenant que l'on trouve aussi peu de choses sur ses travaux. Michael et moi avions établi avec certitude qu'il avait commencé sa carrière à l'institut Wistar, un centre de recherches scientifiques hébergé à l'université de Pennsylvanie, dont il avait fini par devenir directeur. Mais au milieu des années 1950, Farris avait été renvoyé sans ménagement. C'est à partir de ce moment-là qu'on trouve dans les journaux quelques rares entrefilets consacrés à son nouvel institut. D'ici à parler de réputation mondiale…

Je finis par mettre la main sur une interview filmée de Leonard Hayflick, un vieil endocrinologue ayant jadis travaillé à Wistar, dans laquelle il mentionnait Farris. Hayflick avait 88 ans, et je ne trouvai pas d'adresse mail où le contacter, seulement un numéro de téléphone.

Il décrocha d'un « oui » tranchant au lieu du traditionnel allô.

« C'est bien Leonard Hayflick ?

— Qui le demande ? »

Je n'avais pas l'habitude d'être reçue ainsi. J'épelai mon nom et les raisons de mon appel jusqu'à le rassurer complètement : je ne faisais pas de démarchage téléphonique. Une fois ce point tiré au clair, je lui demandai s'il pouvait me parler d'Edmond Farris.

« J'ai connu Farris à Wistar, me confia Hayflick, c'était un drôle de bonhomme. En quelle année êtes-vous née déjà ?

— 1962.

— C'est impossible, dit-il, son labo à Wistar n'existait plus à ce moment-là. Il a été renvoyé au milieu des années 1950 : il pratiquait l'insémination artificielle, l'Église l'a appris, la presse s'en est mêlée, les évêques du coin aussi, il y a eu des pressions…

— Et il a ouvert son propre institut. L'institut Farris pour la parentalité. C'est là que j'ai été conçue. »

Hayflick n'avait jamais eu vent de l'institut, et il avait du mal à croire que Farris ait continué à œuvrer près du campus de Penn après son éviction de Wistar. Mais de cela, pour ma part, j'étais certaine. J'en étais la preuve vivante. Je commençais à me dire que Hayflick n'allait pas m'être d'un grand secours s'il se contentait de m'expliquer combien Farris était un type impopulaire, un renégat. Hayflick le décrivait comme une sorte de Napoléon – petit mais dynamique, et très ambitieux. Le genre de bonhomme qui ne manque pas d'ennemis.

C'est alors que Hayflick se mit à parler sciences,

son champ d'expertise. Apparemment, Farris avait été un pionnier dans deux domaines différents, tous deux d'une importance cruciale pour mes parents. D'abord, il avait développé une méthode permettant de déterminer quand exactement avait lieu l'ovulation d'une femme.

« Wistar était célèbre dans le monde entier pour ses colonies de rats, des femelles albinos vierges », m'expliqua Hayflick.

Et dire que je pensais avoir touché le fond ! Des mois après cette conversation, des rats blancs continueraient de hanter mes rêves.

« Quand Farris était à Wistar, il avait accès gratuitement à l'animalerie. Les échantillons d'urine prélevés le matin sur des femmes étaient inoculés dans les ovaires des rats – que l'on examinait un ou deux jours plus tard, après les avoir sacrifiés. Si leurs veines étaient rouges et enflées, c'était le signe de la poussée hormonale responsable de l'ovulation chez la femme. »

Farris s'était aussi illustré dans un second domaine, d'après Hayflick – qui pourtant, de toute évidence, ne le portait pas dans son cœur et n'était pas ravi d'avoir à lui attribuer le mérite d'une quelconque découverte. Farris avait été l'un des premiers, si ce n'est le premier, dans le champ de la médecine reproductive, à considérer l'homme comme possible responsable de l'infertilité d'un couple.

« Le sexisme était bien ancré, dit Hayflick, et on estimait systématiquement que la femme, et non le mari, était cause du problème d'infertilité. Mais Farris, lui, s'est mis à examiner des échantillons de sperme, suspectant une faible mobilité ou un défaut de morphologie. »

Mes parents. Ma mère, proche de la quarantaine. Essayant désespérément, de mois en mois, d'année en année, d'avoir un enfant. De quand dataient ses fausses couches ? Était-ce avant ou pendant leurs virées à Philadelphie ? Et pourquoi faisait-elle ces fausses couches à répétition ? La culture de l'époque voulait que le problème vienne d'elle. D'autant que mon père avait déjà eu un enfant. Donc, s'ils avaient choisi l'institut Farris pour la parentalité, c'était sans doute en raison des méthodes innovantes de Farris. Peut-être le gynécologue de ma mère, celui de Park Avenue qui comptait des stars parmi ses patientes, lui avait-il glissé un papier dans la main avec un numéro de téléphone. *Allez voir ce médecin. Il paraît qu'il obtient de bons résultats.* L'urine de ma mère, injectée dans les ovaires de rats albinos.

À un moment donné, peut-être même dès le premier rendez-vous, Farris avait dû analyser le sperme de mon père. Il publiait des articles sur l'infertilité masculine au grand dam de l'establishment médical depuis les années 1940. Il n'aurait eu qu'à examiner une lamelle au microscope pour mesurer à quel point les chances étaient faibles pour ce couple de concevoir un enfant.

Une mère plus toute jeune. Un père hypofertile. Un couple pour qui un avenir sans bébé était inconcevable – sans un bébé *à eux.* Un scientifique hyper-ambitieux atteint du « complexe de Napoléon ». Une discipline dont les experts se prenaient pour Dieu. Une pratique, l'insémination artificielle, décriée comme une abomination par les dirigeants religieux, toutes confessions confondues. Et qui, en termes juridiques, était largement considérée comme un adultère, donnant naissance à des enfants bâtards.

Sur quel chemin mes parents s'étaient-ils aveuglément engagés après avoir franchi le seuil de cet institut à Philadelphie ? Était-ce en vain que mon père se hâtait – croyant faire tout son possible pour avoir un enfant ? Je l'imagine quittant son bureau, prenant le métro jusqu'à Penn Station. Il s'installe dans le train pour Philly et se plonge dans le *Wall Street Journal*, mais il a du mal à se concentrer. Ses pensées vont vers ma mère, sa femme, bouleversante de désespoir. Il doit se dire que c'est sa faute. *Sperme lent.* Il n'a vraiment pas de chance. Divorcé. Veuf. Et maintenant, ça. Il n'en a parlé à personne. La longue route qui mène à la conception d'une famille, il la parcourt seul.

Dans une petite pièce non loin du laboratoire où les rats blancs tournent dans leurs cages, ma mère attend. Elle a cette capacité à rester immobile, ma mère, comme une statue, les mains jointes, les jambes croisées, un léger sourire aux lèvres. Elle l'aura, son bébé, bordel ! Et, ce qui est sûr, c'est que quelque part, non loin, un étudiant en médecine blond aux yeux bleus est là aussi. Tout est prévu pour éviter que Ben Walden et ma mère se rencontrent, même s'il se trouve sans doute à moins de vingt mètres d'elle, dans une autre pièce, discrètement pourvue de vieux numéros de *Playboy*. Son sperme doit être frais. Chaque minute compte. Si son sperme a effectivement été mêlé à celui de mon père – que mon père l'ait su ou non –, les deux hommes ont même dû se croiser dans les couloirs de l'institut Farris.

Le Dr Edmond Farris était rompu à ces pratiques. Mais avait-il expliqué les choses clairement à ma mère et à mon père ? Leur avait-il dit que leurs chances de concevoir ensemble un enfant étaient quasi nulles ? Mais qu'il y avait une bonne nouvelle – une solution qui tombait à pic, qui serait peut-être difficile à envisager, mais qui augmenterait très nettement leurs chances de succès ? Plus j'en apprenais, et plus j'étais sceptique : aucune version de l'histoire ne me semblait convaincante.

Dans la banlieue chic du New Jersey où j'ai grandi, un quartier de belles villas, de vastes terrains parfaitement entretenus avec leurs deux voitures garées dans l'allée, de familles de trois, quatre, voire cinq enfants, je faisais figure d'exception en tant que fille unique. C'est surtout que mes parents étaient plus vieux que la moyenne – mais je me demande à présent ce que les voisins pensaient de cette fillette d'un blond polaire, au teint pâle, habitant la maison de brique qui faisait l'angle. Quand les gens faisaient des remarques sur la taille de notre famille – ce qui arrivait, aussi incroyable que cela puisse paraître –, ma mère avait une réponse toute prête. Je l'entends d'ici, aussi nettement que si elle était à côté de moi à l'heure où j'écris ces lignes. Elle me fixait de ses yeux magnifiques, d'un regard débordant de fierté. *Je n'ai peut-être qu'un enfant*, déclarait-elle, *mais j'ai décroché le gros lot*. Comme s'il s'agissait d'une loterie. Elle m'avait gagnée. J'étais son prix.

## 29

Jusqu'à mes 35 ans environ – j'ai rencontré Michael à 34 et Jacob est né quelques jours après mes 37 ans –, mon univers intérieur était tout entier régi et façonné par un sentiment de frustration. Une sorte d'immense insatisfaction, que j'aurais été incapable de définir précisément. Tout ce que je savais, c'est que je ressentais une souffrance constante, intime, qui m'aiguillonnait. Je traversais parfois l'existence comme une somnambule, exécutant une chorégraphie étrange dont je connaissais les pas par cœur. Depuis, j'ai lu de multiples entretiens de personnes conçues par don de gamètes – notamment celles à qui l'on a caché leurs origines – qui décrivent cette même insatisfaction. Cette impression, pour chacune d'entre elles, d'être coincée derrière une paroi invisible : d'être à part, isolée, exclue et, pire que tout, d'ignorer pourquoi.

Quand j'étais enfant, cette souffrance se traduisait de deux manières différentes : d'abord, je fouinais. Quand mes parents s'absentaient et que ma baby-sitter trompait son ennui devant la télé ou au téléphone, je montais à pas de loup dans leur chambre, où j'ouvrais en grand tiroirs et placards. Bien des enfants sont curieux de la vie privée de leurs parents, mais mon rituel à moi confinait à l'obsession. Je passais mes doigts sur les foulards en mousseline de ma mère, délicatement pliés. Son parfum – ou plutôt un mélange de fragrances – s'échappait de chacun des tiroirs : gardénia, jasmin, orchidée, bois de santal, mousse de chêne, vétiver. Sous son lavabo, elle stockait des dizaines de flacons neufs de « L'Air du Temps » et de « Calèche », comme si elle avait craint d'être à court. Son tiroir à bijoux était fermé mais, comme j'avais trouvé la clé, je ne manquais pas une occasion de fureter dans ses colliers, bracelets, boucles d'oreilles et autres broches, comme si ces trésors avaient pu receler des indices sur son identité profonde.

Conformément à la tradition juive orthodoxe, mes parents dormaient dans deux lits jumeaux collés l'un à l'autre et rattachés à une même tête de lit, mais faits séparément, avec chacun ses draps et ses couvertures. Cette pratique se justifie, sur le plan religieux, par la croyance selon laquelle la femme est impure quand elle a ses règles et que mari et femme ne doivent avoir absolument aucun contact physique pendant cette période. Je m'installais sur le grand lit de mes parents et j'observais leur chambre. Les lourds rideaux de soie, leurs deux tables de nuit dotées du même réveil, les coussins minutieusement brodés, tout me semblait détenir une vérité insaisissable. Puis, s'il me restait du temps, j'allais dans leurs bureaux respectifs fouiller dans les papiers qui jonchaient leur table de travail, veillant toutefois à ne laisser aucune trace de mon passage. Je ne cherchais rien de spécial. Simplement, j'avais cette impression que quelque chose m'échappait – et que si seulement je pouvais mettre la main dessus, ce terrible sentiment d'insatisfaction disparaîtrait. J'aurais enfin la réponse à une question que j'étais incapable de formuler.

Seconde réponse à la souffrance constante qui me taraudait : je me cherchais une famille de substitution. Je n'en avais évidemment pas conscience, mais c'est bien ce que je faisais. Nous avions un petit chien, un caniche, que je promenais dans le quartier aussi souvent que possible. Je faisais le même tour chaque après-midi, et le week-end une balade plus longue. Les noms des rues du quartier s'inspiraient de toponymes anglais : Exeter Way, Surrey Court, Westminster Avenue. Mais ce qui me fascinait plus que tout, c'était la vie des autres : leur famille, leur maison.

Les Quentzel avaient quatre enfants, dont un, le benjamin, avait mon âge. Le père était dentiste. Les Markowitz formaient aussi une famille de six. Le père était entrepreneur dans le bâtiment, la mère était jeune – les mères étaient toutes beaucoup plus jeunes que la mienne, avais-je remarqué un jour. Les Wilf, les Pantirer et les Kushner appartenaient à la communauté des rescapés de la Shoah. Les Topilow avaient trois enfants presque adultes. Le père était ophtalmologue. Les fils étaient déjà à l'université. Les pelouses étaient encombrées de balançoires, de cages à écureuil, de transats en plastique. Les arroseurs lançaient de grands jets alternativement dans un sens puis dans l'autre. Je connaissais la voiture de tous les voisins et j'avais étudié leurs allées et venues. Chaque jour après l'école, les mères et les enfants rentraient à la maison. Les pères, eux, ne se garaient dans l'allée qu'à la tombée de la nuit. J'observais à distance, tel un anthropologue en terrain étranger. Une autre forme de vie se déroulait derrière les portes closes de ces maisons : une vie différente, plus paisible, plus confortable que la mienne.

Une fois adulte et mère à mon tour, je reçus un jour un coup de fil d'une voisine de l'époque. Elle ressentait le besoin de partager avec moi un souvenir datant de mon enfance. J'ai pris des notes en l'écoutant : *L'alarme s'était déclenchée. La baby-sitter, qui était au sous-sol, n'a rien entendu. Tu as couru jusque chez nous. Terrifiée, toute seule.* À l'écouter, je me suis revue, paniquée par le bruit assourdissant, traverser le jardin à toutes jambes en chemise de nuit pour aller sonner chez eux. Je me suis rappelé l'herbe froide sous mes pieds nus, et cette situation bizarre, de se retrouver toute seule dehors en chemise de nuit. Toute mon enfance s'est cristallisée dans ce souvenir et j'ai soudain ressenti un vide insondable. *Le lendemain, j'ai arrêté ta mère dans la rue pour lui raconter ce qu'il s'était passé. Elle n'était jamais là. Elle allait en ville. C'était un vrai défilé de baby-sitters. Je lui ai dit que tu avais eu peur. Qu'elle devrait essayer d'être plus présente. Ou au moins embaucher quelqu'un de plus consciencieux. Elle m'a hurlé dessus, elle était furieuse. Qui étais-je pour lui dire comment élever sa fille ?*

Je faisais tout pour fausser compagnie à mes parents. Écrire ces mots me coûte. Je n'avais qu'eux au monde. Et pourtant, je n'en finissais pas de balader ce pauvre chien dans les rues si mal nommées de notre quartier, en quête d'une famille prête à m'ouvrir sa porte et à m'accueillir. Aujourd'hui, je me demande ce que les gens pouvaient bien penser de cette fille qui tournait en rond dans le voisinage, s'arrêtait devant chez eux, avait toujours l'air de rôder. Quand ils m'invitaient à entrer, je grignotais des biscuits dans leur cuisine, regardais la télé dans leur salon, buvais un soda sur leur terrasse, avec au fond de moi un désir secret : appartenir moi aussi à leur clan, intégrer leur univers chaleureux et enchanté.

Puis le ciel commençait à s'assombrir, signe qu'il était l'heure pour moi de rentrer. Je passais par la porte de derrière et montais dans ma chambre. Il n'y avait personne pour me demander ce que j'avais fait ni où j'étais passée pendant tout ce temps. Le silence aseptisé était si oppressant, en comparaison avec le monde agité et bruyant du dehors. Avant la nuit, soit ma mère rentrait de ses activités du jour, soit une baby-sitter me faisait dîner selon ses instructions.

Plus tard, on entendait s'ouvrir la porte du garage :

mon père rentrait du travail. Comme j'attendais ce bruit ! Le fracas électrique annonçant le retour de mon père, puis la brève étreinte où il semblait mettre tout son cœur, sa chaleur, sa beauté. Je craignais ma mère et préférais n'avoir pas trop affaire à elle. Elle n'était pas au cœur de ma souffrance. Ce n'est pas une autre mère que je cherchais quand j'errais de maison en maison comme un chat perdu. Ni des frères et sœurs. J'étais une fille en quête d'un père – non pas parce que je n'aimais pas le mien, mais parce que mon amour pour lui ne suffisait pas à le sauver. L'homme encore jeune qui sautait dans le train pour Philadelphie était devenu un homme d'âge mûr, écrasé sous le poids des secrets, des deuils et des non-dits. Mon père n'était déjà plus là.

# 30

Avant la fin de l'été, je me suis forcée à rendre visite à Shirley, la sœur de mon père, à Chicago. Je n'avais aucune envie d'y aller. Plus que toute autre confrontation nécessaire à mon enquête – ma conversation avec Charlotte, la meilleure amie de ma mère; ma visite au rabbin Lookstein –, je redoutais de me retrouver face à face avec ma tante adorée. J'ai d'abord songé ne rien lui dire : à 93 ans, elle pouvait se passer de ce genre de nouvelles. Mais Michael m'a poussée à lui parler tout de même : Shirley savait peut-être quelque chose. Il n'avait pas tort. Elle et mon père avaient été très proches. S'il avait dû se confier à quelqu'un – c'est-à-dire s'il avait eu un secret à confier –, c'est vers elle qu'il se serait tourné.

Seule à l'arrière d'une berline dans la banlieue de Chicago, je guettais les premiers indices signalant le quartier juif. J'avais l'impression d'avoir roulé des heures, alors que cela ne faisait pas plus de quarante minutes. Les centres commerciaux cédaient peu à peu la place aux rues tirées au cordeau des zones pavillonnaires. Le chauffeur tourna sur Golda Meir Boulevard. J'entraperçus une boucherie casher, une yeshiva, un hassidim solitaire en long manteau et chapeau noir descendant une petite rue jalonnée de maisons à un ou deux étages. Quand j'étais venue avec Jacob l'année précédente, nous étions arrivés de nuit. À travers la vitre teintée, je vis une femme coiffée d'une perruque, tenant par la main un petit garçon avec des papillotes. La maison de Shirley ne devait plus être très loin. Plus je m'en approchais, et plus je luttais contre l'envie irrépressible de demander au chauffeur de faire demi-tour et de me ramener à l'aéroport.

Dans les années suivant la mort de mon père, Shirley et moi nous étions rapprochées. Nous nous appelions souvent, et, plus d'une fois, elle me confia avoir promis à mon père de veiller sur moi. Bien que Shirley soit la petite sœur de mon père, elle avait toujours joué un rôle protecteur envers lui, et il s'en remettait à elle quand ça n'allait vraiment pas. C'est elle qu'il avait appelée lorsqu'il avait appris la maladie incurable de sa jeune fiancée. C'est à elle qu'il avait avoué, les dernières années, être malheureux en ménage avec ma mère. À l'époque où mes parents n'arrivaient pas à avoir d'enfant, peut-être avait-il aussi cherché du réconfort auprès de Shirley ?

De nouveau, je fus prise de cette appréhension soudaine, déstabilisante, qui s'emparait de moi chaque fois que je m'apprêtais à rencontrer une personne susceptible de me révéler la démarche exacte de mes parents, et ce qu'ils avaient su ou non. Tout comme avec Charlotte ou avec le rabbin Lookstein, je courais le risque avec Shirley de m'entendre confirmer que mes parents s'étaient mis d'accord pour me cacher ma véritable identité. Wendy Kramer avait été catégorique : mes parents n'avaient pas pu ne pas savoir. Ma mère, en tout cas. À la question du rabbin : *Que te dire pour t'apaiser ?*, j'avais répondu : *La vérité*. Mais à tout moment, la vérité pouvait m'anéantir.

Dans l'avion pour Chicago, j'ai relu des messages échangés avec l'auteure d'un essai sur l'histoire de la fertilité. *Quant aux archives, la plupart des cliniques les ont détruites à dessein*, m'avait-elle expliqué. Je fixai le mot *détruites*, j'aurais voulu voir les lettres se recombiner, tant je gardais l'espoir que quelque part, dans les caves de l'université ou dans le grenier de l'un des trois enfants d'Edmond Farris, un vieux dossier poussiéreux contienne encore des documents, des signatures, des preuves. *Conformément aux théories psychologiques en vigueur à l'époque, on incitait les hommes à oublier purement et simplement tout le processus quand il y avait eu recours à un donneur.* Mon père avait-il pu tout simplement oublier le processus ? Un père pouvait-il oublier cela ?

Mon taxi s'éloigna et je montai les quelques marches menant chez ma cousine Joanne, où Shirley vivait désormais. Un autre chauffeur devait venir me chercher quatre heures plus tard. Quatre heures pour annoncer à ma tante – fille de tisserand, comme elle me l'avait un jour fièrement rappelé – qu'elle et moi n'étions pas de la même étoffe, pas du même sang ; que son grand frère adoré n'était pas mon père.

Joanne ouvrit la porte et m'invita chaleureusement à entrer. J'avais encore à la main un gobelet Starbucks acheté à l'aéroport. Était-il casher ? Pas sûr...

« Est-ce que c'est bon si ?... » demandai-je en désignant le gobelet.

Si ça ne l'était pas, elle n'en montra rien.

« Oui, bien sûr. Entre, Maman t'attend. »

Joanne me fit passer dans le salon. Dans un angle, était encadrée une photo de Joseph Soloveitchik, le rabbin dont j'avais déjà remarqué le portrait dans le bureau de Lookstein, à l'école Ramaz. Il y avait dans la pièce un bureau, entouré de bibliothèques remplies de livres reliés en hébreu. Plusieurs longues tables cirées – exactement comme dans la maison de Shirley, près de Boston, et comme dans l'appartement new-yorkais de ma grand-mère – accueillaient littéralement des centaines de photos de famille. Peut-être Joanne en avait-elle hérité en tant que fille aînée ? Voir ainsi étalée notre vaste tribu avait toujours été un réconfort pour moi, sans cesser pourtant d'être une source d'étonnement. J'étais la seule enfant blonde, au teint pâle, parmi une cohorte de petits-enfants et d'arrière-petits-enfants bruns aux yeux noirs : sur ces images, mon altérité et ma différence sautaient aux yeux. Et pourtant, je n'ai jamais douté d'appartenir à cette chaîne ininterrompue, qui liait entre elles tant de générations. Sachant ce que je savais désormais, je croyais voir la chaîne brisée et les maillons éparpillés au sol tout autour de moi dans le salon de ma cousine Joanne.

Shirley est sortie de ses appartements, situés de l'autre côté du salon, et nous nous sommes prises dans les bras. Elle portait une jupe noire et un chemisier de soie gris ; ses cheveux argentés, tirés en arrière, étaient retenus en un chignon bas. Son style était sobre. Pas de maquillage. Pas de collier ni de boucles d'oreilles. Nul autre bijou que son alliance en or à ses mains souples et élégantes. Ma tante, qui avait étudié le piano à la célèbre Juilliard School, était encore capable de jouer des ballades de Brahms à plus de 80 ans.

Elle n'avait cessé de rapetisser au fil des ans. Aujourd'hui, quand je l'embrassais, le haut de sa tête m'arrivait sous le menton. « Viens avec moi, ma chérie, avant qu'on revienne s'installer ici. J'ai quelque chose pour toi. » J'ai suivi Shirley dans sa chambre. Elle avait réussi à faire tenir un concentré de sa maison bostonienne de sept pièces dans un espace tout simple, presque monastique, où elle gardait l'essence de sa vie. Des portraits en noir et blanc de ses quatre enfants étaient disposés au mur, en face de son petit lit impeccablement fait. Une photo de son défunt mari, mon oncle Moe, jouxtait sur une étagère les visages de ses deux frères, mon père et mon oncle Harvey. Tous disparus. Elle était la dernière de sa génération. Une paire de vieilles chaussures de bébé trônait au sommet d'une pile de pièces de Shakespeare. Tous mes livres – cinq romans, trois récits autobiographiques – étaient mêlés à des livres de culte. Mon cœur se serra à cette terrible pensée : garderait-elle ces ouvrages dans sa bibliothèque quand elle saurait la vérité ? Cela changerait-il quelque chose pour elle ? Allait-elle m'en vouloir d'une façon ou d'une autre de ne pas être la fille de son frère ?

Une vieille coupure de journal sous plastique, extrait racorni et jauni du courrier des lecteurs, était affichée près de la porte de la chambre. Autant dire qu'elle détonnait au beau milieu des objets religieux dont était saturée la chambre de Shirley, qui plus est à une place de choix, où elle devait la voir chaque jour en sortant de sa chambre.

*Q : Vous avez cité le poème prononcé par James Garner dans une publicité pour la Chevrolet Tahoe. Est-ce un texte d'E.E. Cummings ? – Fred Good, Mount Dora, Floride.*
*R : L'auteur de « Nobody Knows It but Me » (Nul autre que moi ne le connaît) est le concepteur-rédacteur Patrick O'Leary. De nombreux lecteurs nous ont demandé ce texte.*

*Le voici :*

*Il y a un endroit que j'aime*
*Quand je veux voir du pays*
*Nul autre que moi ne le connaît*

*Nulle route n'y mène*
*Nul panneau n'y conduit*
*Nul autre que moi ne le connaît*

*C'est un lieu lointain, là-bas, tout là-bas*
*Plus loin que la lune, au-delà des mers*
*et où que tu ailles*
*il est toujours là*
*Nul autre que moi ne le connaît*

Tandis que Shirley farfouillait dans les tiroirs de son bureau, j'examinais cet improbable texte publicitaire. Que pouvait bien représenter ce poème pour Shirley ? me demanderais-je a posteriori. C'était quelque chose de différent et de séparé de ses prières quotidiennes. Quelque chose qui n'appartenait qu'à elle, et qui manifestement touchait au cœur de sa vie spirituelle.

« Je l'avais rangé là, dit-elle en fermant un tiroir et en en ouvrant un autre, dans une enveloppe… »

Peut-être était-elle nerveuse, elle aussi. Je l'avais appelée quelques semaines plus tôt pour lui proposer de venir la voir, car j'avais quelque chose d'important à lui dire. Elle avait dû se demander ce qui pouvait bien justifier ce soudain aller-retour à Chicago dans la journée. À moins qu'elle ne l'ait deviné ? Dans les deux cas, elle devait être un peu anxieuse.

« Mais enfin, je voulais te donner...

— Tu vas trouver, Shirl, ne t'en fais pas.

— Attends, ça y est, je l'ai. »

De la petite enveloppe blanche qu'elle m'a tendue, j'ai sorti trois photos. La première était une photo de moi avec Jacob bébé sur la plage à Cape Cod. Dans la lumière dorée et l'air marin, nous nous ressemblions plus que jamais, avec nos vagues de cheveux en bataille et nos yeux du même bleu que la mer. J'avais envoyé ce cliché à Shirley des années plus tôt. Pourquoi me le rendait-elle aujourd'hui ? J'eus soudain l'affreux pressentiment qu'elle savait tout et que me renvoyer ainsi mon fils était une façon de nier son appartenance à la famille. Je repoussai cette idée de toutes mes forces, regrettant, une fois de plus, de ne pas avoir accepté la proposition de Michael de m'accompagner.

Les deux autres photos représentaient mes grands-parents.

« Je tenais à te les donner, en souvenir de Grammy et Grandpa, me dit-elle. Ils étaient à l'apogée de leur empire à cette époque-là. »

*À l'apogée de leur empire.* Qui parlait encore ainsi ? Pourtant, dans la bouche de ma tante, ces mots n'avaient rien de bizarre : ils énonçaient un état de fait, sans prétention. Pas étonnant que j'aie sacralisé mes grands-parents toute ma vie. Ils étaient de l'étoffe dont on fait les mythes.

Shirley et moi nous sommes ensuite assises sur le canapé du salon.

« Sais-tu pourquoi je suis venue ? »

Elle secoua la tête.

« J'ai quelque chose à t'annoncer, et j'ai peur que cela te fasse de la peine », ai-je poursuivi.

Shirley s'est redressée de toute sa minuscule taille pour mieux se préparer à entendre ce que j'avais à lui dire. Joanne avait dû sortir. La maison était plongée dans le silence ; j'entendais au loin le tic-tac d'une horloge. Et si, au fond d'elle-même, elle avait toujours attendu ce jour de vérité ?

J'ai commencé par le commencement. Je lui ai expliqué que j'avais fait un test ADN. Je guettais dans ses yeux la lueur qui m'indiquerait qu'elle avait deviné la suite. Mais je ne vis rien. Pour la première fois de ma vie, j'ai compris l'expression *au coup par coup*. À la mention d'un cousin germain inconnu, elle fronça brièvement les sourcils, mais rien de plus. J'ai enchaîné sur ma conversation avec Susie, la comparaison de nos deux ADN.

« Tu me dis si je parle trop vite ? lui demandais-je régulièrement. Est-ce qu'il y a des choses qui ne te paraissent pas claires ? »

Non que je craigne qu'elle ait la moindre défaillance cognitive. Shirley avait l'esprit le plus vif qui soit. Mais elle avait tout de même 93 ans. À sa naissance, l'automobile venait quasiment d'être inventée. La télé n'existait pas. Elle avait déjà quatre enfants quand Watson et Crick avaient découvert la structure chimique de l'ADN. Une autre personne âgée à qui j'avais raconté mon histoire avait conclu : *Alors si je comprends bien, tu es issue en partie de ton père et en partie d'un autre homme ?*

Au fil de mon récit, Shirley était de plus en plus perplexe. On eût dit un petit animal des bois : de grands yeux, de grandes oreilles, tout palpitant, à l'affût. La comparaison de nos échantillons d'ADN, lui ai-je expliqué, révélait que Susie et moi n'étions pas du même sang. Nous n'étions pas demi-sœurs.

Elle ne broncha pas.

Je repris :

« Shirl, savais-tu que mes parents avaient eu du mal à m'avoir ?

— Non, je ne savais pas. »

La voilà donc, ma réponse. Elle n'était pas au courant. Si mon père avait eu un secret, il ne l'avait pas confié à sa sœur. Je lui racontai ensuite Philadelphie, l'institut, les courses folles de mon père depuis New York. Et, tandis que je parlais, je sentis un calme olympien me gagner. Une partie de moi se détacha du reste pour s'émerveiller de cette sérénité.

« Tu veux dire que…

— Papa n'est pas mon père biologique. »

C'était dit. Sept mots. Sept mots et toute une

vie. Ses yeux restaient fixés aux miens. J'ai eu peur qu'elle ne fasse un arrêt cardiaque. Pas un battement de paupière. Pas un son. Avait-elle eu l'impression que je lui disais : *Tu n'es pas des miens. Je ne suis pas des tiens. Nous ne sommes pas l'une à l'autre.* C'était violent. Le monde s'écroulait autour de nous.

Elle s'est penchée vers moi, a pris ma main et l'a mise dans la sienne.

« Je ne t'abandonnerai pas », dit-elle.

La mince coquille qui me protégeait encore jusque-là se fissura. Et j'éclatai soudain en sanglots.

« Et toi non plus, ne t'avise pas de m'abandonner », ajouta-t-elle.

Chaque syllabe, mûrement pesée.

« Je ne t'abandonnerai pas, Shirl », ai-je répondu entre mes larmes. « J'avais tellement peur que…

— J'ai presque toute ma vie derrière moi, répliqua-t-elle, et tu es la fille de mon frère. »

Les heures défilaient confusément – café, bagel, saumon fumé, thé – tandis que Shirley et moi tentions de démêler l'imbroglio des événements passés. Quand je soulevai la question de la *halakhah*, elle la jugea tout à fait hors de propos, à l'instar du rabbin Lookstein. Ainsi, les deux personnes les plus pieuses que j'avais consultées jugeaient bon de s'affranchir de la loi dans cette affaire. Elle m'écouta attentivement lui faire part de l'avis de Lookstein.

« C'était dans le caractère de ton père, dit-elle lentement, tout à fait du genre de Paul. »

Je lui répétai le mot de Lookstein à propos du choix de mon père en 1953, alors que sa fiancée se mourait. *Ton père était un héros.*

« Oui, Paul a agi là avec une grande noblesse », commenta Shirley. « Le Rabbi de Loubavitch lui avait ouvert une porte de sortie honorable – en lui proposant de reporter le mariage jusqu'à la mort de Dorothy. Décliner une telle proposition, c'est *malkhes.* »

Autrement dit : royal.

*Grammy et Grandpa à l'apogée de leur empire.*

*Une grande noblesse.*

J'étais toujours au bord des larmes.

« Shirl, est-ce que cela t'étonne que mon père ne t'ait jamais rien dit de leur combat contre l'infertilité ?

— Pas du tout. Je suppose que pour lui, c'était de l'ordre de l'intime. Quelque chose d'inscrit au cœur de son mariage. Il a dû vouloir protéger ta mère. »

Les rapports avaient toujours été houleux entre Shirley et ma mère. Shirley m'avait décrit leur relation en ces termes, un bel euphémisme : « Nous n'étions pas sur la même longueur d'onde, c'était comme électrique entre nous. » Je me rappelle avoir un jour entendu ma mère hausser le ton puis raccrocher violemment le téléphone. Pour autant, quand je suggérai que ma mère ait pu agir à l'insu de mon père, Shirley ne me suivit pas. Elle penchait plutôt pour la version de l'histoire la plus douloureuse pour moi : que mon père ait tout su depuis le début.

« Tu n'es pas un accident de l'histoire, Dani », me dit Shirley. Ses yeux brillaient d'émotion. « En tout cas pas pour moi, ni pour le reste du monde d'ailleurs. On ne peut pas regarder les choses d'un œil froidement scientifique. Je vais te dire : de toute façon – et je ne dis pas ça pour te faire plaisir, et même si tu risques de croire que je force le trait, je te le dis quand même – entre toi et Paul, il y avait réellement un lien de filiation, d'appartenance, de parenté. »

Du haut de ses 93 ans, elle s'efforçait de tout son être, de chaque cellule de son corps, de me consoler. Elle y mettait tout ce qu'il lui restait d'énergie. C'était la plus pure manifestation d'amour que j'aie jamais reçue.

« Sachant ce que tu sais, tu es encore plus la fille de Paul que tu ne l'imagines. C'est comme prendre quelque chose qui n'est pas à toi et y insuffler de la vie. Tu le crées littéralement, et cela devient ta création. Tu es l'instrument qui a permis à mon frère d'exprimer le plus bel amour qui soit. »

Elle avait toujours sa main sur la mienne.

« Dans la vie, il est rare d'avoir la chance de se tenir à côté de soi-même. C'est comme si *Hakadosh baroukh hou* te disait : *Mon enfant, viens t'asseoir près de moi et regarde.* Cette découverte que tu as faite est une porte ouverte vers la compréhension de ce qu'est réellement un père. Ce n'est certes pas un dénouement – ça, tu ne le connaîtras peut-être jamais –, mais une nouvelle page qui s'ouvre. »

Pour la première fois depuis ce soir de juin où j'étais restée médusée devant mon écran d'ordinateur, je me suis sentie apaisée. Sur le moment, en tout cas, je ne ressentais plus cette souffrance sourde qui m'accablait en permanence.

« Tu dois juger les choses d'après les résultats, poursuivit Shirley, et en l'occurrence tu peux être fière du résultat, tu concentres en toi le meilleur : la grâce, l'intelligence, la créativité, la beauté. Peu importe l'élément étranger, mécanique, extérieur impliqué dans ton histoire, car cette histoire est celle d'un succès. Tu as tant de talents. Tu as été amplement dotée. Tu portes en toi cette immense sensibilité. Tu portes en toi et la souffrance et la récompense. »

Sa voix – rauque d'avoir parlé des heures – faisait partie de moi. Ses mains solides, son front expressif, son doux sourire : tout cela faisait partie de moi, car elle avait toujours fait partie de moi. J'avais eu si peur que seul le sang compte pour elle. Oh, comme j'avais sous-estimé mon admirable tante ! Mon taxi m'attendait dehors. Elle ne s'était quasiment pas arrêtée de tout l'après-midi. Ses yeux n'avaient pas quitté les miens. Les mots l'avaient traversée comme soufflés par son Dieu. *Hakadosh baroukh hou.* Elle me disait qu'elle était toujours ma tante, que mon père était toujours mon père. Toute ma famille perdue nous entourait, dans la lumière déclinante de sa cuisine, à Chicago.

« Ma chérie, tout cela t'ouvre un monde d'inclusion – dans lequel tu dois t'inclure toi aussi. Tu n'es pas une couleur délavée, mais un mélange de teintes claires et foncées. Tu les possèdes toutes. Pour finir, ce qu'il faut retenir, Dani, l'épilogue, c'est que tout ça, ce n'est rien que de l'amour. »

# III

31

Shirley avait l'ample [illegible] de Ben Waldman [illegible] *[illegible]* [illegible] tout [illegible] sorte on ne peut [illegible] affaire de [illegible] j'avais [illegible] début [illegible] dans une explication [illegible] raison [illegible] pas au [illegible] sion d'[illegible] d'une personne.

Je n'avais pas [illegible] Shirley [illegible] Ben. Elle n'avait pas [illegible] biologique [illegible] – un [illegible] *[illegible]* que [illegible] je me demandais [illegible] même si c'était encore confus dans ma tête. Mon père et moi avions partagé une histoire, une cuisine,

## 31

Shirley avait employé des mots précis au sujet de Ben Walden : *étranger*, *mécanique*, *extérieur. Froidement scientifique.* Mais pour moi, Ben était tout sauf un élément extérieur : il était une composante on ne peut plus intime. Ce n'était pas qu'une affaire de ressemblance physique. L'homme que j'avais vu sur cette vidéo YouTube avait le même débit que moi, la même gestuelle quand il se lançait dans une explication : comme si ses mains préparaient le terrain à ses mots. Un don de sperme n'était pas un don de rein. Ou de rétine. C'était la transmission d'un patrimoine constitutif de l'identité même d'une personne.

Je n'avais pas raconté à Shirley que j'avais retrouvé Ben. Elle n'avait pas besoin de savoir que mon père biologique était un médecin retraité de Portland – un être humain bien réel, avec un visage et un nom. *Sachant ce que tu sais, tu es encore plus la fille de Paul que tu ne l'imagines.* Je ne demandais qu'à le croire, même si c'était encore confus dans ma tête. Mon père et moi avions partagé une histoire, une culture, un environnement, un foyer, une langue, tout un univers. Notre lien était réel et indissoluble. Mais il nous avait manqué quelque chose, qui désormais me sautait aux yeux : une reconnaissance mutuelle immédiate. Je n'étais pas issue de lui. Jamais, en scrutant son visage, je n'avais eu l'impression de me voir.

Les semaines passaient et je guettais toujours une réponse de Ben, qui avait souhaité réfléchir calmement à ma proposition. À chacun de nos échanges, je craignais qu'il cesse de répondre. S'il décidait de couper les ponts, je ne pourrais rien faire pour l'en empêcher. Ben était la seule personne encore vivante ayant été impliquée dans ma conception. Peinant à apprivoiser ma nouvelle identité, je pensais tout le temps à lui, à cet homme bien réel qui vivait sa vie à l'autre bout du pays, à la place qu'il occupait dans le monde.

Je me raccrochais aux faits. J'avais été conçue par insémination artificielle : c'était un fait. Mon père n'était pas mon père biologique : c'était un fait. Adam Thomas était mon cousin germain : c'était un fait. Ben était l'oncle d'Adam Thomas, il avait été étudiant en médecine à l'université de Pennsylvanie, où il avait fait un don de sperme : cela aussi était un fait. Chaque soir, au moment de m'endormir, je passais ces faits en revue, comme si les réciter pouvait m'aider à mieux les assimiler. En réalité, ce faisant, je détricotais une histoire avérée depuis cinquante-quatre ans. Rencontrer Ben m'aiderait peut-être à reprendre pied et à tout recommencer, depuis le début.

En cette fin d'été, dans la lumière dorée qui baignait notre jardin, je me laissai aller à fantasmer ma rencontre avec Ben. Il ferait doux, voire frisquet cet après-midi-là, à Portland – une ville qui m'était totalement inconnue. Un café, choisi par Ben. Nous nous installerions à une petite table en terrasse. Ce serait notre unique rencontre – c'est ce que je me disais – et ce serait très bien ainsi. Nous parlerions de tout et de rien, poliment. Ou bien nous aborderions des questions plus délicates. Peut-être évoquerait-il l'institut Farris. À moins que nous nous en tenions à des sujets moins périlleux. Malgré tous mes efforts, je n'arrivais pas à m'imaginer ce que je ressentirais en me reconnaissant dans les traits d'un inconnu. D'ailleurs, le percevrais-je comme un inconnu ? Plus d'une fois, Michael me demanda ce que j'attendais d'une telle entrevue avec Ben. Je n'avais pas de réponse. Tout ce que je savais, c'est que c'était urgent et nécessaire.

Les livres, les articles et autres travaux tirés de revues spécialisées ou de thèses de doctorat continuaient à s'empiler au pied de mon bureau. Dans cette petite pièce, ils cohabitaient avec le portrait de ma grand-mère et une foule de photos de famille alignées dans leurs cadres au sommet d'une bibliothèque. J'entrais dans mon bureau avec une appréhension chaque jour plus grande. Au fur et à mesure que la pile de documents grossissait, ma capacité à les assimiler diminuait. Je commençais par exemple à lire un article sur l'histoire juridique de l'insémination avec donneur et tout à coup je me sentais complètement à plat, nauséeuse, troublée ou bien furieuse. Je tombai sur un numéro du *Time* daté de 1945, qui titrait en une « Artificial Bastards ? » (Bâtards artificiels ?). D'après l'article, un juge avait établi en dernier recours que l'insémination artificielle ne relevait pas de l'adultère et n'était donc pas un motif de divorce. Comment mon histoire s'était-elle soudain trouvée mêlée à tout cela ? Comment se pouvait-il qu'elle l'ait toujours été ?

Quand je faisais une pause dans mes lectures savantes, je me remettais à mes recherches sur Ben Walden, moins ardues. Bien que vaguement mal à l'aise dans cette posture voyeuriste, je parcourais son blog sur l'éthique médicale, en quête du moindre élément sur lui et sa famille. Il était marié depuis cinquante ans à une infirmière brésilienne qu'il avait rencontrée dans le Corps de la paix à l'issue de ses études de médecine. Je glanai des informations sur ses trois enfants : une fille et deux garçons. La fille – ma demi-sœur ! – n'avait que six ans de moins que moi. Je visionnai sur YouTube des vidéos de la famille Walden à Noël. Dans un coin du salon, un imposant sapin chargé de décorations et de guirlandes lumineuses. Des sets en tartan disposés sur une table de fête. Un groupe d'ados fuyant la caméra. Des petits qui jouent par terre. Les grands-parents qui entonnent d'une même voix tremblante ce qui devait être un cantique. Un tableau on ne peut plus différent du *shtetl* de mes aïeux ! Et pourtant, ces gens-là étaient, au sens le plus strict du terme, mes ancêtres. Qui étaient-ils ? Qu'avais-je à voir avec cette famille ? J'étais soudain, de nouveau, cette petite fille toute seule dehors à la tombée de la nuit qui contemplait les maisons voisines, bien éclairées, chaleureuses, avec une seule envie : qu'on l'invite à entrer.

Un samedi en début de soirée, alors que Michael et moi nous reposions dans la bibliothèque en attendant de sortir dîner avec des amis, ma messagerie me signala un nouvel e-mail. C'était Ben Walden. Tout comme la première fois qu'il m'avait écrit, son nom – un nom qui, à peine deux mois plus tôt, ne m'aurait fait ni chaud ni froid – provoqua en moi une vive émotion, appréhension et excitation mêlées. En ouvrant son message, je vis tout de suite qu'il était plus long que les autres. J'en fis la lecture à Michael d'une voix tremblante :

*À : Dani Shapiro*
*De : Benjamin Walden*
*Re : re : re : re : Message important*

*Chère Dani,*
*Je vous remercie sincèrement pour vos messages et pour votre engagement à respecter l'anonymat de ma famille. Je vous crois sur parole quand vous écrivez « ... jamais je ne vous exposerai dans*

*mes livres, ni vous ni votre famille. Peut-être écrirai-je un jour sur ce que je vis là, mais je ne donnerai jamais votre nom ni aucun indice permettant de vous identifier, vous ou votre famille. Vous avez ma parole. Ce n'est pas mon genre, ni en tant que personne ni en tant qu'écrivain. »*

*Je comprends parfaitement votre souhait d'organiser une entrevue et d'obtenir une confirmation génétique de notre parenté. Je ne peux qu'imaginer votre ressenti, n'ayant jamais été moi-même dans cette situation. Mais nous avons tous besoin de connaître nos origines génétiques, c'est normal.*

*J'étais un jeune étudiant de 22 ans lorsque j'ai donné mon sperme : l'institut promettait confidentialité et anonymat, alors avec quelques amis de l'école de médecine, nous sommes devenus donneurs pendant un temps. Jamais à l'époque il ne m'a traversé l'esprit que les enfants nés par insémination artificielle pourraient un jour me contacter. La situation est donc tout à fait inattendue et inédite pour moi, c'est pourquoi j'ai eu besoin d'y réfléchir un certain temps.*

*J'ai consulté votre site Web et lu certains de vos livres. Vous êtes un écrivain remarquable et vous semblez réussir brillamment aussi bien dans votre vie professionnelle que familiale. Vous avez l'air bien partie pour poursuivre sur la voie du succès ; je m'en réjouis pour vous et j'espère que cela vous comble de bonheur.*

*Dani, vous avez eu l'opportunité, grâce à mon blog, de me voir en vidéo et de lire certains de mes textes. C'est un bon échantillon des informations biographiques que je suis à même de partager avec vous. Inversement, j'ai pu voir des vidéos de vous et lire certains de vos écrits : tout cela me donne au moins un petit aperçu de votre vie.*

*À ce stade de mon existence, je n'ai ni le temps, ni l'énergie, ni l'envie d'aller plus loin. Je n'ai donc pas l'intention, Dani, de procéder à un test ADN ni de vous rencontrer. Pardonnez-moi si je vous semble dur et insensible, mais je ne vois pas d'autre façon de le dire. J'ai pris cette décision après discussion avec ma famille et quelques autres personnes. Soyez bien sûre que je comprends votre besoin de connaître votre histoire génétique. Mais voilà : ceci est le dernier message que vous recevrez de ma part. Je vous souhaite le meilleur, dans votre vie de famille et votre carrière d'écrivain.*

*Bien cordialement,*

*Ben*

## 32

Je ne pouvais détacher mes yeux du paragraphe final. *Dernier message. Pardonnez-moi si je vous semble dur.* Je refermai mon ordinateur sans bouger de mon siège, tremblante.

« Il ne peut pas faire ça », commenta Michael.

Bien sûr que si, il pouvait. Ben Walden pouvait faire ce qu'il voulait ; il avait beau jeu de renvoyer à l'anonymat promis par un institut de fertilité fermé depuis belle lurette et par son directeur, à présent décédé. *Quelques amis de l'école de médecine. Pendant un temps.* Je n'avais même pas besoin de me référer à la lettre : je l'avais mémorisée au fil de ma lecture.

« Il a peur », reprit Michael. C'était plausible. Le ton de cette lettre était différent des précédents messages de Ben. La répétition de mon nom, qui en faisait comme une supplique. *Laissez-moi tranquille. Ne me faites pas de mal. Ne vous en prenez pas à ma famille.* La citation de mes propos quant au respect de sa vie privée – comme si j'avais pu les oublier ! Sa surprenante flatterie comme une accalmie, ses compliments sur mes talents d'écrivain en guise de prix de consolation. Et pour finir, la porte claquée – vite, presque en hâte, comme s'il se dépêchait avant de changer d'avis.

Je me suis levée pour me verser un verre de vin. Je buvais plus que d'habitude depuis fin juin – en tout cas différemment, de façon thérapeutique, pour atténuer la blessure intérieure. Je pris une profonde inspiration et balayai la pièce du regard pour mieux me souvenir que j'avais eu une vie avant de découvrir l'existence de Ben Walden, une vie dans laquelle l'homme à la kippa qui trônait sur l'étagère était mon seul et unique père. Une vie dans laquelle ce garçon avait fêté sa bar-mitzvah enveloppé dans l'immense *talith* de son grand-père, maintenu sur ses épaules grâce aux attaches gravées de son arrière-grand-père. Une vie enracinée, une vie de certitudes.

Sur le coup, mes doigts piaffaient de répondre. *Je suis déçue.* Ou : *Comment osez-vous ?* Ou encore : *J'espère que vous allez changer d'avis.* Mais, en lieu et place de l'abandon absolu, désespéré qui avait inspiré mon premier message à Ben, j'étais à présent en proie à une rage froide, impitoyable. En posant mon ordinateur sur la table basse, par-dessus un album de photos de famille, je dis à Michael :

« Je ne lui répondrai pas. »

Mon silence renverrait à Ben l'écho de ses propres mots : j'en étais sûre, même sans le connaître. Même s'il était pour moi un parfait étranger. Au cours de nos échanges, il m'était apparu comme un homme avisé.

Et pourtant : *Jamais il ne m'a traversé l'esprit que les enfants nés par insémination artificielle pourraient un jour me contacter.* Ainsi, au cours des cinquante ans et quelques qui s'étaient écoulés depuis ses études de médecine, sa brève carrière de donneur de sperme ne l'avait pas tourmenté. Pas une seule nuit, la pensée des enfants inconnus qu'il avait probablement engendrés ne l'avait empêché de dormir. Même quand les premiers tests ADN avaient fait leur apparition – et a fortiori plus tard, quand ils étaient devenus accessibles au plus grand nombre –, l'éventualité qu'on puisse le rechercher ne l'avait jamais effleuré.

Il avait pourtant consacré sa vie à des problèmes d'éthique médicale. Or n'était-ce pas là une question d'éthique par excellence ? Que lui devais-je ? Que me devait-il ? Qui étions-nous l'un pour l'autre ?

Michael et moi avons pris la voiture pour nous rendre chez nos amis, aux abords d'un lac voisin. Il était trop tard pour annuler, et puis que faire d'autre ? Je me sentais si insignifiante et impuissante que j'en bouillais de rage. Ben était-il vraiment résolu à me claquer la porte au nez pour toujours ? J'étais l'effet indésirable d'un acte si dérisoire à ses yeux que cela ne valait même pas la peine d'y repenser. Un débris spatial, une épave rejetée par les flots, la conséquence des choix d'un jeune homme inconséquent.

« Alors voilà... Fin de l'histoire... » dis-je à Michael tandis que nous zigzaguions sur des petites routes de campagne, dans un décor pittoresque en contraste total avec mon sombre paysage intérieur.

« Peut-être n'y a-t-il rien de plus à apprendre. Ni sur mes parents. Ni sur Ben.

— Ça ne va pas se terminer comme ça, assura Michael, impossible.

— Comment ça ?

— C'est déjà allé trop loin. Et puis, tu sais maintenant qu'il doit y avoir d'autres demi-frères ou demi-sœurs. »

Effectivement, c'était probable. Plus que probable. Ben avait été donneur *pendant un temps*. En ce moment même, j'avais sans doute des demi-frères ou demi-sœurs qui vivaient leur vie en ignorant tout de leurs origines. Des gens qui, comme moi, avaient peut-être toujours été minés par un sentiment d'aliénation. De non-conformité. Par l'impression qu'il y avait quelque chose de bizarre, de secret.

Les choses n'allaient donc pas s'arrêter là. Michael avait raison, l'histoire n'était pas finie, pourtant cette certitude ne suffisait pas à m'apaiser. Mon père biologique m'avait clairement signifié qu'il ne voulait plus avoir affaire à moi. Et puis l'idée que je puisse avoir des demi-frères et demi-sœurs conçus par insémination artificielle était étrange : comme si nous n'étions pas des humains, mais une portée de chatons dispatchés auprès de différents propriétaires.

Quelques jours plus tôt, une amie de lycée m'avait envoyé une vieille photo de moi qu'elle avait retrouvée : nous fêtions les 16 ans d'un copain, j'étais en train de danser. Scrutant mon visage encore poupin d'adolescente, mes cheveux retenus par un bandana, mes yeux mi-clos participant d'une pose que je voulais cool et sexy, je me souvenais : c'était le chaos dans ma tête, j'avais un absolu besoin de plaire, je ne savais pas trop qui j'étais. C'est vrai de presque tout adolescent, mais mon questionnement identitaire à moi était encore plus vif. Cette fille ne savait pas qui était son père. Prisonnière d'un épais cocon, elle était victime de la désinformation la plus terrible qui soit. Elle ignorait littéralement d'où elle venait. Pourrais-je un jour de nouveau regarder une photo de moi, de mon père ou de ma mère sans être assaillie par l'idée sidérante que notre vie familiale avait dès le début été bâtie sur un mensonge ? Pourrais-je un jour me regarder dans un miroir sans y voir le reflet de Ben Walden ?

En rentrant ce soir-là, tard dans la nuit, à moitié ivre, exténuée, j'ouvris un nouveau fichier sur mon ordinateur, que j'intitulai : « Réponses imaginaires ». Au cours des semaines suivantes, chaque fois que j'étais prise de l'envie d'écrire à Ben, j'ouvrais le fichier et y tapais un message destiné à n'être jamais envoyé.

## RÉPONSE IMAGINAIRE N° 1

*Ben,*

*Pour le restant de mes jours, je ne pourrai me regarder dans la glace sans y voir votre visage. Car, comme vous l'aurez sans doute remarqué, la ressemblance entre nous est plus que frappante.*

*J'aurais aimé en savoir un peu plus sur ce visage reflet du mien. Je ne demandais pas grand-chose et je vous ai donné toutes les garanties possibles d'anonymat. J'étais même prête à signer une renonciation ou une décharge si cela avait pu vous rassurer.*
*Je ne comprends pas que vous me refusiez ces deux petites faveurs absolument déterminantes pour la suite de ma vie.*

## RÉPONSE IMAGINAIRE N° 2

*Cher Ben,*
*Dans l'une de mes nouvelles préférées, « In Dreams Begin Responsibilities », que Delmore Schwartz a écrite juste avant ses 21 ans, un personnage secondaire dit au narrateur : « Tu le découvriras bien assez tôt : tout ce que tu fais n'importe que trop. »*
*Pour un spécialiste d'éthique médicale, je me serais attendue à ce que vous considériez la situation d'un point de vue éthique, sans tout mettre au compte de la jeunesse, ou de ce que faisaient les autres, ni vous reposer sur un document vous garantissant l'anonymat.*
*Il s'agit bien d'une question morale, éthique, humaine. Et si je ne doute pas que vous ayez vos raisons, de quoi vous persuader de votre bon droit, ce que vous faites est cruel et inhumain ;*

*vous n'assumez pas la responsabilité de choses que vous avez bel et bien choisi de faire.*

## RÉPONSE IMAGINAIRE N° 3

*Cher Ben Walden,*

*Je vous appelle Ben Walden, désormais, dans ma tête. Pas Ben. Ni « mon père biologique », qui est une expression affreuse. Il faut bien que je trouve un terme pour désigner l'homme qui m'a donné la vie mais refuse de prendre un café avec moi. Laissez-moi clarifier une chose. Manifestement, votre souci premier est de conserver l'anonymat. Le mot revient dans absolument tous nos échanges. Avoir été donneur « pendant un temps » est donc probablement un grand sujet d'inquiétude pour vous. Ne craignez-vous pas qu'après moi une longue file de rejetons fasse irruption à votre porte ? Mais bien entendu, cela ne me regarde pas. Je suppose aussi que, si vous aviez accepté de me rencontrer, vous auriez eu peur que je débarque avec, je ne sais pas, Oprah Winfrey et toute son équipe de tournage. Je voulais juste vous redire que jamais je n'aurais fait une chose pareille, que mon seul souci était, fondamentalement, de comprendre d'où je viens, afin de vivre en paix le reste de mes jours.*

# 33

L'été le plus étrange de ma vie touchait à sa fin – même si l'automne promettait de l'être tout autant. Michael, Jacob et moi préparions notre séjour annuel à Provincetown, à l'extrême pointe de Cape Cod, dans le village d'artistes où j'enseignais au mois d'août. Je m'efforçais de me concentrer sur les détails les plus prosaïques du quotidien. J'avais toujours mes fameuses listes, évidemment. Des listes et des listes à dresser, comme si aligner des mots en belles rangées verticales pouvait exorciser la confusion et le chaos. J'avais une pile de travaux d'étudiants à lire, sans parler des habituelles corvées précédant un départ : factures à payer, réfrigérateur à vider, chiens à emmener au chenil. Occupée à ces tâches triviales, je me sentais bien mais, dès que je cessais de m'agiter, le balancier en moi reprenait son va-et-vient. D'un côté, Ben Walden : le fait qu'il soit là, qu'il existe. De l'autre, l'histoire embrouillée de mes parents et mon besoin constant et ardent de croire qu'ils ne m'avaient pas trahie.

Je tentai, avec plus ou moins de succès, d'arrêter de penser à Ben et de me conforter, comme Michael, dans l'idée que de nouveaux éléments allaient se présenter. Je continuai à lire des livres sur la pratique et l'histoire de l'insémination avec donneur, en quête d'indices, espérant tomber sur une étude de cas dans laquelle je reconnaîtrais mes parents et qui me révélerait le fin mot de l'histoire. À force de fouiller Internet en guettant le nom d'Edmond Farris, je finis par trouver une piste. Un thésard qui m'aidait dans mes recherches avait récupéré le nom d'un médecin qui avait commencé sa carrière à l'université de Pennsylvanie et se souvenait de l'institut Farris.

Quelques jours avant notre départ pour Provincetown, j'avais un rendez-vous téléphonique avec le Dr Alan DeCherney. L'après-midi en question, j'étais à New York pour des réunions, mais je ne voulais pas parler au docteur, déjà âgé, depuis un coin de rue ou un restaurant bruyant. Je demandai donc à une amie qui tenait un magasin de vêtements si je pouvais me réfugier dans son arrière-boutique pour une petite heure. C'est là, au beau milieu de rangées de vestes et de piles de jeans de marque, que j'ouvris mon carnet et appelai DeCherney.

Je commençai par me présenter et par lui expliquer pourquoi je m'intéressais à Edmond Farris et à son institut. Il y eut un bref silence à l'autre bout du fil.

« C'est extraordinaire que vous m'ayez trouvé, répondit finalement mon interlocuteur, je suis probablement la seule personne encore vivante à avoir connu Farris. »

Il me fournit ensuite quelques éléments de contexte. De 1970 à 1974, DeCherney avait été interne à l'université de Pennsylvanie, dont le département de gynécologie-obstétrique était spécialisé dans le traitement de l'infertilité. L'un de ses amis, qui dirigeait le labo de chimie, avait perdu son bébé dans un accident tragique ; sa femme et lui voulaient absolument faire un nouvel enfant mais n'y parvenaient pas – jusqu'à ce qu'ils rencontrent Edmond Farris.

« Farris était-il très connu à Penn ? demandai-je à DeCherney.

— Je n'ai jamais rencontré aucun médecin qui l'ait connu, ni aucun patient, d'ailleurs. Il était relativement isolé, dans sa petite clinique. »

J'étais en train de me demander comment c'était possible quand DeCherney ajouta un détail.

« Farris était un hors-la-loi. Il pratiquait la médecine illégalement. »

Ma mère dans la voiture, l'obscurité, le noir d'encre du fleuve Hudson, les magnifiques arches illuminées du pont George-Washington. *Institut. Philadelphie. Ton père. Sperme lent. Un médecin brillant.* Quelle intuition avait pu me pousser à retenir ses mots ? *Pas très romantique, comme histoire*.

Ainsi, Farris n'était pas une référence. Mes parents

étaient allés clandestinement trouver un médecin véreux, qui œuvrait au mépris de toute règle. Mes parents étaient des gens respectueux des lois. Or ce que faisait Farris était illégal. Ils devaient vraiment être au comble du désespoir à l'époque de ces allers-retours à Philadelphie !

« Farris avait un truc, poursuivit DeCherney, il avait trouvé un moyen de mesurer l'hormone lutéinisante, ce qui lui permettait de savoir quand une femme était en train d'ovuler. Ce truc, pour le coup, n'était pas frauduleux, il avait fait une vraie découverte. »

Je repensai à ce que l'endocrinologue Leonard Hayflick m'avait raconté au sujet des rats blancs auxquels on injectait l'urine des futures mères. C'était la technique de Farris. « Sur le plan chimique, ça tenait la route », reprit DeCherney. « Des années plus tard, en 1976, le test LH est devenu la norme pour déterminer le moment de l'ovulation. »

Comment Farris avait-il pu ouvrir sa clinique sur le campus de Penn sans être diplômé de médecine ? Comment avait-il pu recruter des donneurs à l'école de médecine ? Il était l'inventeur d'un test de fertilité appelé à devenir la référence en la matière, mais n'avait jamais été reconnu comme tel. Pourquoi aujourd'hui ne représentait-il guère plus qu'une note de bas de page dans l'histoire de la médecine reproductive aux États-Unis ? Au-delà de toutes ces questions, la seule qui me préoccupait vraiment était la suivante : que s'était-il passé une fois que mes parents s'en étaient remis à l'intervention clandestine de Farris ? Que leur avait-il dit ? DeCherney était-il susceptible d'éclairer une conversation intime à laquelle il n'avait pas assisté ?

« Ce que je voudrais surtout savoir, lui ai-je expliqué, c'est ce qui a été dit à mes parents.

— Vous savez, le sperme de votre père a sans doute été mêlé à celui d'un donneur, répondit-il d'un ton détaché, c'était l'usage, à l'époque.

— Est-ce qu'on le leur a expliqué, à mes parents… ? »

Le minuscule caniche toy de mon amie pointa son nez dans l'arrière-boutique.

« D'une certaine façon. Oui et non.

— Comment cela ? Qu'est-ce qu'on leur a dit exactement ? Avec quels mots ? »

Je m'étais mise à parler vite, d'un ton pressant, impatient. Oui et non ? Je ne pouvais pas vivre avec ce « oui et non ».

« On a dû dire à vos parents que c'était un traitement. »

Un traitement.

Tout s'est mis à tourner au ralenti autour de moi. Un mot si inoffensif. Un mot rassurant. Un mot *médical*. Qui pouvait recouvrir tout et n'importe quoi.

« Un traitement pour le problème de votre père, poursuivit DeCherney, on a dû leur dire que le traitement renforcerait le sperme du mari. »

Toute seule dans l'arrière-boutique plongée dans la pénombre, j'ai ressenti quelque chose de nouveau. J'ai fermé les yeux et j'ai vu mes parents pleins d'espoir dans le bureau d'Edmond Farris : après trois, quatre, cinq inséminations avec le seul sperme de mon père, après trois, quatre fausses couches. Le temps était compté. *Prou ourvu*. Mes parents cultivés, pas totalement ignares en biologie, prenant la décision grave et délicate de n'entendre que ce qu'ils voulaient entendre, et de ne croire que ce qu'ils brûlaient de croire.

« Le temps que je finisse ma formation, au milieu des années 1970, ajouta DeCherney, c'était déjà dépassé.

— Qu'est-ce qui était dépassé ? Le mélange de spermes ? Le fait de faire croire à un traitement ?

— Tout ça à la fois. On a arrêté le mélange de spermes parce que ce n'était pas efficace et que ça donnait aux gens un sentiment de sécurité trompeur. Cela dit, ajouta-t-il, ce n'était pas si mal, comme système.

— Ah bon ? Qu'est-ce qui vous fait dire ça ?

— Je veux dire que ça fonctionnait. Votre père n'a jamais su. »

Nous y voilà. Six petits mots. *Votre père n'a jamais su*.

J'ai pris une grande inspiration.

« Il restait toujours un doute, dit DeCherney, c'était tout l'enjeu. Afin de protéger le père.

— Et l'enfant alors, qu'est-ce qui le protégeait ?

La preuve que ça n'a pas complètement marché, c'est que *moi*, aujourd'hui, je sais.

— C'est bien le problème, conclut DeCherney d'un ton presque triste, aujourd'hui, il n'y a plus de secrets. »

# 34

Ben avait mentionné ses enfants dans la plupart de ses messages. Il les avait très certainement informés de la situation, du moins dans ses grandes lignes. Encore ce mot : *situation*. Leur avait-il révélé mon nom, lui qui tenait tant à tout contrôler ? Le cas échéant, mes demi-frères et demi-sœurs étaient en mesure de me chercher. De me contacter. De faire à leur tour un test ADN, s'ils le souhaitaient. Mais je n'avais aucun moyen de savoir ce qu'il se passait à l'autre bout du pays. Tout ce que je pouvais faire, c'était continuer à rassembler des éléments, qui me donnaient à moi aussi l'illusion de contrôler les choses.

J'avais une demi-sœur et deux demi-frères. Pour avoir passé cinquante-quatre ans à considérer Susie comme ma demi-sœur, l'idée d'avoir une sœur m'était familière. Mais un demi-frère, ça, c'était *terra incognita.* Mes deux demi-frères étaient mariés et chacun père de deux enfants. J'avais vérifié : l'un était avocat et l'autre travaillait dans l'industrie de la haute technologie. J'identifiai ma demi-sœur sur

Facebook et Twitter. Nous flottions là toutes deux, fantômes numériques, nos deux avatars perdus au milieu de millions d'avatars peuplant un univers de pixels et de bits qui me connectaient aux Walden et les Walden à moi – un univers offrant non seulement la possibilité d'un échange immédiat, mais facilitant aussi la rencontre elle-même.

Derrière la chevelure d'un noir de jais et les yeux sombres qu'Emily Walden avait hérités de sa mère brésilienne, je nous devinai une ressemblance. Nous avions le même front haut, les mêmes proportions du visage. À en croire les détails que j'avais pu glaner sur elle, nous avions de bonnes chances de nous entendre. Nous avions manifestement beaucoup de points communs. Nous étions toutes deux diplômées d'une université pour femmes. Politiquement, elle était progressiste. Elle travaillait pour une fondation philanthropique. Sur Twitter, elle suivait nombre de gens que je suivais aussi. Même si elle n'était pas très active sur les réseaux sociaux, j'y trouvai suffisamment d'éléments pour reconstituer un tableau sommaire de sa vie. Elle était mariée et mère de deux enfants, une fille et un garçon. Ce dernier semblait avoir le même âge que Jacob.

Michael savait comment surveiller la fréquentation de mon site Web et établir des statistiques sur le nombre de visiteurs à tout moment, sur la durée de leur consultation de telle ou telle page et sur l'endroit d'où ils se connectaient. Dans les semaines qui suivirent le dernier message de Ben, il y eut un pic inhabituel de visiteurs en provenance de Portland, dans l'Oregon. Était-ce une coïncidence : plusieurs d'entre eux passèrent des heures plongés dans d'anciens articles ou entretiens, notamment ceux où j'abordais le thème de la famille. Et quelques personnes remontèrent au tout début de mon blog, vieux de dix ans, pour en lire tous les posts un par un. Parfois je me disais qu'on se faisait des idées. Peut-être avais-je vraiment des lecteurs fidèles à Portland. Mais d'autres fois, je nous voyais, la famille de Ben et la mienne, tous là en train de lire, d'enquêter, de fouiller pour mieux nous cerner les uns les autres et comprendre ce tour inattendu qu'avaient pris nos vies. Tandis que je visionnais sur YouTube leurs vidéos familiales – passage du Père Noël ou virées à SeaWorld des petits-enfants –, peut-être étaient-ils de leur côté en train de lire des articles sur les liens de mon père avec le rabbin de Loubavitch ou encore le récit du parcours spirituel au terme duquel j'avais rompu avec ma stricte éducation religieuse.

Nous étions en train de charger nos bagages dans la voiture, prêts à partir pour Provincetown, quand j'entendis le pas de Michael dans l'escalier. Il y avait du nouveau. Tandis que je rangeais mon ordinateur et ses câbles dans leur sacoche, il entra dans mon bureau, son portable à la main. Il n'avait pas l'air déconfit du début de l'été, quand il était venu m'annoncer les résultats du test ADN qui allaient changer ma vie. Cette fois-ci, il affichait un air triomphant.

« Emily vient de s'abonner à ton compte Twitter », s'exclama-t-il en me montrant son nom tout en haut de la liste de mes derniers followers.

*Emily Walden.* C'était bien elle. Sur le coup, je me sentis étrangement soulagée. Elle était au courant de mon existence. Elle savait. Et elle me tendait la main.

Nous sommes montés tous trois dans la voiture pleine à craquer, en route pour le long voyage jusqu'à Provincetown. J'ai gardé mon téléphone à portée de main, consultant Twitter toutes les deux minutes pour vérifier si Emily Walden ne s'était pas ravisée et désabonnée de mon compte. Mais non, elle était toujours là. Mon pouce s'attardait sur son avatar, un Bitmoji à l'effigie d'une femme brune aux joues roses.

J'ai laissé passer deux jours avant de la suivre en retour. Je craignais de paraître trop pressée, trop avide – même si c'était le cas, évidemment. Finalement, un matin tôt, dans la cuisine ensoleillée de notre cottage au centre d'arts, j'ai cliqué sur « Suivre ». C'est alors que j'ai eu cette vision : deux demi-sœurs, ignorant tout jusque-là de leurs existences respectives, qui s'envoient d'un bout à l'autre du pays le plus moderne des signaux de fumée.

*Je te vois.*

*Moi aussi, je te vois.*

# 35

Par la suite, je me plongerais dans l'étude des traumatismes psychiques. Je lirais tout ce que je trouverais sur le sujet pour mieux comprendre les deux pôles opposés de mon histoire : le trauma certainement vécu par mes parents pour qu'ils en soient venus à prendre une décision si douloureuse qu'ils la refoulèrent immédiatement, et le trauma de ma propre découverte de cette décision plus d'un demi-siècle plus tard.

La blessure se rouvrait au moindre incident. Un invité qui admirait la photo sépia du petit garçon au chapeau melon. *C'est qui, ça ?* Ma réponse habituelle n'était plus vraie. Ou encore un rendez-vous chez le médecin où l'on me demandait de mettre à jour mes antécédents médicaux. Comment expliquer que mon père n'était plus décédé ? Un jour que je faisais vérifier ma vue, j'ai dû informer l'ophtalmo qui me suivait depuis des années que j'étais génétiquement prédisposée à une maladie oculaire rare. *Rien d'alarmant*, avait dit Ben, *mais mieux vaudrait surveiller.*

Il est dans la nature d'un trauma, s'il n'est pas

traité, de s'aggraver avec le temps. Avec l'expérience, j'avais développé des techniques pour mieux supporter mes blessures. Je méditais chaque matin. Je faisais du yoga depuis longtemps. Puis j'ai subi d'autres traumatismes – l'accident de voiture de mes parents, la maladie infantile de Jacob –, mais j'ai toujours fini par m'en sortir. Ce que je n'avais pas remarqué, toutefois, c'est que si terribles soient-elles, toutes ces épreuves étaient des événements singuliers. L'accident de voiture. Le diagnostic. Dans les deux cas, il s'agissait de gérer des séquelles : le chagrin, l'angoisse générés par ces bouleversements. Mais cette fois-ci, le trauma – découvrir que je n'étais pas celle que j'avais cru être toute ma vie, que mes parents avaient d'une certaine façon, si subtile soit-elle, fait le choix de me cacher la vérité quant à mon identité – n'était pas un événement singulier. Ce n'était pas quelque chose d'extérieur à moi, qui pouvait être mis au jour, examiné puis assimilé. Le trauma était inséparable de moi. Il *était* moi.

Le boa constrictor avait commencé à digérer l'éléphant. Je me représentais désormais les choix de mes parents sur une échelle continue, telle la tige d'une balance romaine. À un bout de cette ligne, l'hypothèse de l'ignorance totale. Mais mes parents, désespérant de faire un enfant, s'étaient tout de même rendus dans une clinique illégale près du campus de Penn pour rencontrer un savant fou réputé pratiquer l'insémination artificielle. Aussi, cette thèse de l'ignorance totale ressemblait-elle de plus en plus à un fantasme destiné avant tout à me protéger, moi.

Tout le monde s'accordait à croire que mes parents avaient su au moins en partie dans quoi ils s'engageaient. Wendy Kramer, Leonard Hayflick, Alan DeCherney, le rabbin Lookstein, tante Shirley : tous avaient suggéré plus ou moins délicatement qu'ils avaient été acteurs de la démarche. Mes parents avaient pris une décision. Et, aussi difficile ou douloureux que ce soit, je devais me résoudre à envisager qu'ils aient pu agir, au moins partiellement, en connaissance de cause. À chaque semaine qui passait, le curseur se rapprochait de l'autre extrémité : celle de l'action délibérée.

Leur trauma était devenu le mien – il l'avait toujours été. C'était mon héritage, mon destin. Le pacte de mes parents, leur silence torturé m'avaient façonnée autant que les gènes transmis par ma mère et Ben Walden. Je découvrais une facette inédite du tableau. Comme si, réduite jusque-là à ne voir qu'en deux dimensions, je m'étais soudain vu offrir une paire de lunettes 3D. Et cette lucidité nouvelle était à la fois libératrice et dévastatrice. Je réécoutais en boucle l'interview du psychiatre Bessel van der Kolk que j'avais prise en note sur l'une de mes premières fiches : « La nature du trauma, expliquait-il, veut que son souvenir ne prend pas la forme d'un récit logique. Dans l'expérience traumatique, le cerveau est empêché de créer une histoire. »

Je suis devenue romancière. Puis je suis passée de la fiction à la non-fiction, signant un, deux, trois, quatre – cinq avec celui-ci – récits autobiographiques. J'ai fixé ma vie et celle de ma famille sur le papier, livre après livre, pour me dire : *Voilà, c'est cela. Je comprends mieux, maintenant.* Je creuse jusqu'à ce que ma pelle heurte la roche. Les gens croient parfois que j'ai une mémoire phénoménale – que je me rappelle parfaitement toutes ces scènes, ces moments, ces détails sensoriels de ma jeunesse. Mais en vérité, j'ai une très mauvaise mémoire. Je n'accède à mes années d'enfance ou même d'adolescence qu'au prix d'énormes efforts. Et les souvenirs ne me viennent pas sous la forme d'un récit. Alors je me laisse guider par les mots pour voir où ils me mènent. J'ai compris qu'il existe des couches, des strates de conscience inaccessibles à l'analyse ou à l'intellect. Ce n'est que dans un état de rêve éveillé que je puis espérer – et encore, à peine – approcher la vérité.

Je suis la boîte noire, retrouvée des années, de très nombreuses années, après le crash. Les pilotes, l'équipage, les passagers ont depuis longtemps disparu en mer. Il n'en reste rien. Dans les abysses, j'ai passé ma vie à émettre un faible signal. *Par ici ! Par ici !* Je repose désormais au fond de l'océan. Je suis aussi le plongeur qui a trouvé la boîte. Qu'est-ce que c'est que ça ? Je l'ai cherchée toute ma vie sans même savoir qu'elle existait. À présent, je la tiens entre mes mains. Contient-elle des indices ? Peut-être, peut-être pas. Elle est témoin d'une histoire qu'elle a enregistrée sans la voir. Que s'est-il passé dans cet avion ? Pourquoi est-il tombé du ciel ?

## 36

Notre semaine à Provincetown, d'habitude un moment sympa en famille, fut cette année une véritable épreuve. Tous les matins, je retrouvais mes étudiants autour d'une table ronde dans une salle spacieuse pour débattre de leurs écrits. Les thèmes abordés – comme c'est souvent le cas dans les ateliers d'écriture de non-fiction – étaient lourds et douloureux : addiction, suicide, deuil, séparation, maltraitance. J'étais toujours profondément touchée par les malheurs des gens et par leur désir de donner du sens à leurs souffrances. J'ai l'habitude, en tant que professeure, d'appréhender les histoires de mes étudiants avec un mélange d'exigence et de bienveillance. En temps normal, je suis tout à fait capable de mettre de côté mes problèmes personnels quand j'enseigne. Mais cette semaine-là, je me sentais fragile.

Dans le journal que je tenais à l'époque de la mort de mon père, je me reprochais de n'avoir toujours pas fait mon deuil. Adulte, en tombant sur cette entrée de mon journal, j'ai eu envie de revenir en arrière et de consoler la jeune fille perdue que j'étais : elle avait le droit d'être triste. Chaque deuil – en particulier s'il s'agissait de ce qu'on appelle un « deuil pathologique » – se faisait en temps voulu et à son rythme. Mais aujourd'hui, j'avais du mal à faire preuve de la même compassion envers moi-même. Durant la journée, je m'efforçais de tromper mon chagrin : je donnais cours, j'allais à la plage, faisais des tours à vélo, dégustais des sandwichs au homard sur Commercial Street avec Michael et Jacob, mais chaque matin au réveil, tout me revenait d'un coup comme au premier jour et je me reprenais le choc en pleine figure.

Pendant ce temps, tandis que je réassemblais et revisitais le puzzle d'une enfance dont j'avais peu de souvenirs, Ben Walden était toujours dans un coin de ma tête. Des amis m'envoyaient des articles sur des gens conçus par don de gamètes qui se découvraient des demi-frères ou demi-sœurs ou partaient en quête de leur père biologique. Je me demandais si Ben avait également ce genre de lectures, ce genre de pensées, ou bien s'il était passé à autre chose. Était-il le moins du monde tourmenté par l'idée qu'il avait quelque part sur terre un enfant biologique, et même probablement plusieurs ? Que les conséquences de ses actes étaient des êtres vivants ? Je me demandais également si sa fille savait que sa dernière lettre coupait court à nos échanges. Emily lui avait-elle dit qu'elle me suivait sur Twitter ? Les Walden parlaient-ils de moi, le soir, à table ?

Pour finir, tout brûlés de soleil et poisseux de sel, fatigués, du sable plein la voiture, nous prîmes le chemin du retour. Les yeux fermés, je laissai Michael se frayer un passage sur les routes bondées de vacanciers ; j'étais épuisée par cette semaine passée à accueillir les histoires des autres alors que j'avais à peine assez de place pour la mienne. Depuis le temps que nous venions à Provincetown, nous avions un rituel pour couper le long et fastidieux trajet. Nous faisions toujours une pause chez Arnold's Lobster & Clam Bar, un de ces restos à touristes de bord de route, où l'on s'empiffrait de gigantesques plateaux de palourdes et d'oignons frits, arrosés de soda glacé.

Cette virée annuelle sonnait la fin de l'été pour notre famille. Jacob allait entamer sa dernière année de lycée. Michael et moi étions également en mode « rentrée scolaire » : je préparais la sortie de mon prochain livre et Michael était en plein montage d'un nouveau film. Nous avions donc de quoi faire – mais, malgré ces occupations quotidiennes, mon esprit me ramenait toujours à la même histoire, en un ressac qui semblait ne jamais devoir finir.

Nous nous étions arrêtés prendre de l'essence quelque part sur la Mid-Cape Highway lorsque, sortant mon téléphone de mon sac, je vis, au milieu des spams et autres pétitions politiques, le nom de Ben Walden. L'objet de son message était : *Repentir.*

Je ne dis rien. Jacob était à l'arrière, son casque sur les oreilles, il écoutait de la musique. Michael était dans la station-service. Je restai un long moment à contempler l'intitulé de l'e-mail avant de l'ouvrir. *Repentir.*

*Chère Dani,*
*Mon épouse, Pilar, et moi-même avons un vol pour Newark lundi 10 octobre et nous serons à Paramus quelques jours, au chevet d'un ami malade. Après quoi nous devons rejoindre Philadelphie pour assister à une réunion d'anciens élèves et rendre visite à ma sœur.*
*J'ai finalement changé d'avis quant à l'idée de vous rencontrer. C'est sans doute une bonne chose pour nous deux de donner un peu plus de réalité au lien qui nous unit. Je sais que vous êtes très occupée, mais vous serait-il possible de nous retrouver pour déjeuner quelque part à environ vingt minutes de Paramus ? Ce pourrait être le mardi 11 ou le mercredi 12. Ou alors, si par hasard vous êtes du côté de Philadelphie à ce moment-là, nous pouvons aussi nous voir plus tard dans la semaine.*
*Toutes mes excuses pour avoir hésité à l'idée de cette rencontre.*
*J'espère que vous êtes toujours intéressée et que la date vous convient. Bien entendu, votre mari est tout à fait bienvenu.*
*Amicalement,*
*Ben*

# 37

Héritage de mon enfance, le mois de septembre est aussi pour moi celui d'Eloul, le dernier mois du calendrier hébraïque, prélude aux Fêtes solennelles. Eloul est en principe une période de recueillement visant à préparer Roch Hachana, où Dieu ouvre le Livre de la vie et vient juger les hommes. En quoi avons-nous péché ? Comment faire pénitence ? Eloul débouche sur les Jours redoutables, les dix jours séparant Roch Hachana de Yom Kippour, une période d'intense purification spirituelle empreinte de gravité et de crainte. La veille du Grand Pardon, Dieu réunit le tribunal suprême qui jugera du destin des hommes et, le jour de Kippour, le Livre de la vie est scellé pour une nouvelle année. À la synagogue, on confesse ses péchés, on se frappe la poitrine au niveau du cœur : *Pour le péché que nous avons commis devant Toi par la dénégation et le mensonge. Pour le péché que nous avons commis devant Toi par la confusion du cœur.*

Les moments de prière que j'ai partagés avec mon père comptent parmi mes plus vifs souvenirs de lui.

Quand j'étais petite, j'avais le droit de m'asseoir à ses côtés à la *shoul* : je sentais son corps se relaxer quand il priait, sa voix s'affermir et s'arrondir aux accents plaintifs de la liturgie hébraïque. Il était chez lui à la synagogue. Quand il sortait son *talith* de sa pochette de velours et s'enveloppait dedans, il devenait gigantesque, prenait une dimension quasi mystique. Là, à la *shoul*, la prière était notre langage secret, notre code à nous. Nous connaissions par cœur la chorégraphie. Nous savions exactement ce que nous avions à faire. Se lever. S'asseoir. Se balancer. Fermer son *sidour*. Chanter *Ein keloheinou*. S'embrasser sur la joue et se souhaiter : *Shabbat Shalom !* À quoi pouvait bien songer mon père en confessant ses péchés, sa petite fille à côté de lui ? Était-il gêné ? Se reprochait-il d'avoir menti ?

Ce temps de recueillement était une affaire sérieuse. Le dimanche précédant Roch Hachana, mon père allait du New Jersey, où nous vivions, jusqu'au cimetière de Brooklyn, où étaient enterrés son père et ses grands-parents. Jamais il ne nous a proposé, ni à ma mère ni à moi, de l'y accompagner. J'imagine aujourd'hui son rituel : il gare sa voiture juste à l'entrée, près de la guérite du gardien, puis, entouré à perte de vue de milliers de stèles gravées en hébreu, il suit les allées étroites de l'immense cimetière jusqu'au caveau familial des Shapiro. Au loin, le fracas d'un train aérien et le bruit de fond de la circulation sur le périphérique. Un chien errant qui aboie. Mon père détache la lourde chaîne qui sépare la concession familiale de l'allée. Peut-être s'assied-il un moment sur un banc pour penser à son père. Puis, au pied de sa tombe, il récite le Kaddish des endeuillés. *Yitgadal veyitkadash shemei rabah.* Il fouille parmi les racines, les cailloux, les feuilles mortes, jusqu'à dénicher le bon nombre de pierres. Il en pose une sur la sépulture de chacun de ses ancêtres – un rite symbolisant la permanence du souvenir. Devine-t-il sa mort prochaine, prématurée, à peine dix ans plus tard ? Il ne saurait en tout cas imaginer cette scène future : sa fille qui déambule seule dans les allées étroites du cimetière où elle vient, année après année, réciter le Kaddish pour lui, en réchauffant une pierre entre ses mains.

Les dates que Ben proposait début octobre tombaient très certainement pendant Eloul. Mais j'eus à peine le temps d'ouvrir mon agenda que Michael avait fini de faire le plein et repris place sur le siège conducteur. Sans un mot, je lui tendis mon téléphone. *Ben Walden*. Je sentis un immense soulagement me gagner et prendre le pas sur toute autre émotion. *Tu vois ? Je ne m'étais pas trompée sur son compte.* Le nœud serré qui m'oppressait se défit. J'avais l'impression étrange de le connaître sans l'avoir jamais côtoyé ; son dernier message m'avait semblé dur, comme écrit sous influence, en tout cas pas en phase avec sa véritable personnalité. Mais que savais-je au fond de la véritable personnalité de Ben Walden ? Nos gènes communs me donnaient-ils de lui une connaissance innée ? Y avait-il un gène de la subtilité ? De la bienveillance ? *C'est sans doute une bonne chose pour nous deux.* Pas juste pour moi. Pour lui aussi. *Donner un peu plus de réalité au lien qui nous unit.* Quelques semaines de silence m'avaient ainsi rendue réelle à ses yeux. *Toutes mes excuses pour avoir hésité. J'espère que vous êtes toujours intéressée.*

« Je t'avais dit que ce n'était pas fini, fit Michael en prenant ma main dans la sienne.

— Oui, mais alors là !... » Je fixai l'écran. Un déjeuner. Dans le New Jersey. En octobre. J'examinai l'e-mail de Ben comme si c'était un cryptogramme. Je remarquai qu'il avait fait une erreur en rédigeant l'objet de son message : au lieu de *second thoughts* (repentir), il avait écrit : *second thoughtus*, ajoutant malgré lui un *u* devant le *s*, formant ainsi un *us* (nous) – révélateur ?

Tandis que Michael rejoignait l'autoroute, je cherchai sur le calendrier de mon téléphone les deux dates proposées par Ben. Elles ne tombaient pas durant Eloul, mais la veille de Kippour et le jour même de Kippour, soit les deux jours les plus sacrés de l'année.

*Cher Ben,*
*Je serai ravie de vous rencontrer ainsi que Pilar le mardi 11 octobre près de Paramus. Je suis heureuse que vous ayez changé d'avis. Mon mari,*

*Michael, se joindra à nous. Si vous voulez, je me charge de trouver un restaurant dans un périmètre de vingt minutes autour de Paramus ; je connais un peu le coin.*
*Merci d'avoir repris contact.*
*Au plaisir de faire connaissance.*
*Amitiés,*
*Dani*

J'étais devenue experte en matière de retenue et d'euphémisme. Nous étions à six semaines du rendez-vous. Je notai la date – *Déjeuner avec Ben* – dans mon agenda. J'avais un frisson d'excitation chaque fois que, au milieu d'une page blanche perdue parmi tant d'autres, je tombais sur cette mention : *Festival de Brattleboro, lecture à Southampton College, coiffeur, cours à Kripalu, dîner avec les Campbell, examens d'entrée à l'université de Jacob. Déjeuner avec Ben.*

Ces six semaines ne furent que préparatifs. Je ne pensais quasiment qu'à ça. Chaque fois que j'écrivais à Ben, je faisais lire mon message à Michael avant de l'envoyer. Et s'il se remettait à paniquer ? Et s'il changeait d'avis ? Et s'il tombait malade ? Nous poursuivions nos prudents échanges, mais le ton de ses messages s'était sensiblement réchauffé. Quelque chose avait cédé en lui : la peur, le soupçon, l'idée que je n'étais qu'une étrangère. Il partageait plus volontiers des détails personnels : il connaissait mal le New Jersey bien qu'il y ait travaillé, l'été précédant son entrée en médecine. Il préférait manger italien que grec. Il allait très bien, merci, mis à part les douleurs et autres désagréments qui sont le lot commun des personnes âgées. Il m'envoya son numéro de portable au cas où nous aurions besoin de nous contacter le jour du rendez-vous. Puis il m'écrivit un bref message, deux lignes, qui me tirèrent des larmes pour la première fois. *C'est amusant, cette faute de frappe que j'ai faite : « thoughtus » au lieu de « thoughts ». Un lapsus de circonstance, non ?*

## 38

De quoi héritons-nous, comment et pourquoi ? L'épigénétique, un champ de recherches relativement récent, étudie l'influence de l'environnement et de l'expérience sur nos gènes. Dans quelle mesure avais-je été façonnée par le patrimoine génétique des Walden – cette joyeuse tribu que j'avais vu chanter sur une vidéo YouTube ? Je n'étais pas de la lignée des gens du *shtetl* – avec leur petite taille, leur corps noueux, leurs yeux noirs –, de ces hommes recueillis au pied de tombes en ruine et se balançant d'avant en arrière, penchés sur leur livre de prières. Je n'avais pas été marquée par les pogroms, par une vie de réfugié éprouvante et douloureuse – du moins pas physiquement. Et pourtant, de loin, j'avais porté tout cela dans mon cœur. J'étais et je n'étais pas de ce village polonais terreux et tragique. Quel était mon héritage psychologique ? Que recelait mon sang ? J'étais le fruit de trois personnes : ma mère, mon père, Ben Walden. Des mondes contraires avaient flotté en moi, s'étaient heurtés en moi toute ma vie.

C'est pour exorciser ces mondes flottants, ces îlots

invisibles, que j'avais bâti tout un édifice narratif, je le comprenais à présent. J'avais forgé une histoire après l'autre pour ne surtout pas approcher la vérité de trop près. Toute ma vie, des gens m'avaient dit que j'avais l'air d'une intruse dans ma famille – et c'est aussi ce que je ressentais –, mais je n'avais jamais pris la peine de réfléchir à ce que cela pouvait impliquer. Pas même lorsque, à 25 ans, j'avais découvert comment j'avais été conçue. Pas même lorsque Susie m'avait incitée à creuser la question. C'était trop pour moi.

J'avais eu sous les yeux des indices criants. Mais je ne les avais pas vus. Bien des gens, après tout, se sentent ou paraissent « différents » de leurs parents ou de leurs frères et sœurs. La reproduction n'implique pas nécessairement la ressemblance. Certains traits sautent des générations. Certains caractères semblent sortis de nulle part. Parfois, on ne se retrouve absolument pas dans ses parents. Ma mère, par exemple, avait toujours été une étrangère pour moi, au mépris de notre lien biologique. Ainsi avais-je bâti mon roman familial, une pierre après l'autre : ma mère était une narcissique pathologique atteinte d'un trouble de la personnalité borderline ; mon père était dépressif, miné par ses revers conjugaux ; j'étais une petite juive orthodoxe si blonde qu'elle aurait pu réclamer du pain aux nazis ; j'étais la fille unique miraculeusement enfantée par des parents vieillissants. Mon sentiment d'altérité venait de tout cela – et seulement de cela.

Dans sa faute de frappe toute bête, Ben Walden avait voulu voir un lapsus freudien, potentiellement révélateur. Il n'avait pas simplement eu un repentir (*second thoughts*) mais un repentir à propos de nous (*second thoughts about us*), lui et moi. *Thoughtus*. J'avais évidemment moi aussi relevé la faute, qui m'avait fait sourire. J'adorais ce genre de jeu de mots qui se prête à interprétation psychologique. J'étais d'autant plus sensible à cette impression récurrente – celle de me reconnaître en Ben – que je prenais conscience, du même coup, de n'avoir jamais ressenti cela auparavant.

Je ne m'étais jamais reconnue en mon père. Et ma mère avait beau m'avoir donné la vie, je ne m'étais jamais retrouvée en elle non plus. Quant à Susie, ce n'était pas faute d'avoir essayé, mais je ne m'étais jamais sentie liée à elle non plus. Une amie qui avait rencontré ma demi-sœur m'avoua plus tard qu'elle avait toujours su que nous n'étions pas de la même famille. Ce n'était pas juste physique. La dissemblance était aussi d'ordre psychique. Ça ne collait pas. Nous n'allions pas ensemble, tous autant que nous étions.

Au fil des semaines, plus nous approchions de la date de mon rendez-vous avec Ben et plus je me demandais si lui aussi ressentait cette étrange impression de familiarité. Lesquels de mes travaux avait-il lus ? Mes livres et mes articles étaient une mine d'informations sur moi. Pour ma part, c'est mon intuition qui me renseignait sur lui, plus puissante que n'importe quel texte. Sa profonde gentillesse, son attitude générale, sa manière d'être étaient des données bien plus intimes.

Je multipliais les lectures, en revanche, pour mieux me représenter ce qu'avait pu être la vie d'un étudiant en médecine donneur de sperme au début des années 1960. Je voulais me mettre à sa place. Lui qui avait franchi le seuil de cet institut à Philadelphie, où des cages grouillaient de rats albinos. Lui qui était allé là-bas. Assez souvent, même, et de son propre chef. Je ne me voyais pas parler de ça avec lui – et en même temps, je ne me voyais pas ne pas en parler. Je trouvai des images du bâtiment Art déco de neuf étages planté à l'angle de la 30e Sud et de la 6e Rue, au milieu du campus de Penn, à un emplacement aujourd'hui occupé par une boutique de vêtements pour femmes. L'institut Farris occupait le sixième étage. J'imaginai mes parents, côte à côte dans l'ascenseur, en train de monter. Puis Ben Walden, empruntant le même ascenseur un peu plus tard.

Au fil de mes recherches, je continuai de tomber sur des choses bizarres, parfois difficilement supportables. Je découvris un avis de décès d'Edmond Farris qui me parut totalement aberrant : il était mort subitement, d'une crise cardiaque, quelques mois avant ma conception. Si Farris était mort, qui dirigeait son institut ? Une personne avec qui j'étais entrée en contact via le site de Wendy Kramer, le Donor Sibling Registry, m'expliqua qu'Augusta Farris – qui n'était pas médecin ni même scientifique, mais illustratrice de livres de cuisine – n'avait eu qu'à enfiler une blouse blanche pour prendre la succession de son mari. Devais-je l'existence à Augusta Farris ? Cette nouvelle révélation me laissa abasourdie. De quel mélange explosif d'illégalité, de secret, de désir, de honte, d'avidité et d'anarchie étais-je le fruit ? Ben Walden connaissait-il les rouages occultes de l'institut, ou s'était-il contenté d'entrer discrètement par la porte de service et de faire son affaire avant de rejoindre allègrement son labo de chimie ? Durant cet étrange mois d'Eloul, je reçus par la poste un ouvrage que j'avais commandé sur Internet auprès d'une boutique de livres d'occasion. Il s'appelait tout simplement *L'Insémination artificielle*. Quand je l'ouvris, le dos se cassa et l'odeur de renfermé du vieux papier tombé dans l'oubli s'échappa des pages. Le livre était presque aussi âgé que moi. Son auteur, le Dr Wilfred Finegold, avait dirigé le département Stérilité d'un centre de planning familial à Pittsburgh. En le feuilletant, j'aperçus des chapitres intitulés « Insémination artificielle et élevage animal » ou « Anticiper les problèmes juridiques » avant de tomber sur « Le couple – le donneur ». Finegold listait un certain nombre de critères que tout praticien en infertilité un tant soit peu scrupuleux – et a fortiori une illustratrice veuve en blouse blanche – était incité à adopter afin de sélectionner les donneurs qui fourniraient le meilleur sperme possible aux patients.

1. Le donneur doit rester un inconnu.
2. Le donneur doit être en bonne santé mentale et physique.
3. Le donneur doit avoir d'excellents antécédents familiaux.
4. Le donneur doit être très fertile.
5. Le donneur doit faire preuve d'une moralité irréprochable.
6. Le donneur doit être volontaire.
7. Les caractéristiques physiques du donneur doivent correspondre à celles du mari de la patiente.
8. Le donneur doit être issu du milieu scientifique ou médical.
9. On recourra autant que possible à une pluralité de donneurs.

Conclusion du chapitre : « Il n'est pas absurde de croire que les enfants issus d'insémination artificielle possèdent un avantage d'ordre eugénique, sur les plans mental comme physique. Les donneurs sélectionnés sont en effet dépourvus de tares héréditaires ; ils ont la capacité mentale de mener à bien un cursus en médecine ; ils sont physiquement aptes à procréer et ils sont même exempts d'affections irritatives de type rhume des foins ou allergie. »

## 39

Au cours de l'été, mon épaule avait commencé à me faire mal et, quand l'automne arriva, j'avais le haut du dos quasiment coincé. Impossible d'attraper un plat en haut d'un placard ou même d'attacher ma ceinture en voiture. Si l'on considère le corps comme une métaphore, alors j'avais manifestement *endossé* quelque chose ; toute la nuit durant mon sommeil, je charriais un énorme rocher sur mon dos pour me réveiller au matin à moitié paralysée. Rien n'y fit : ni kiné, ni yoga, ni même piqûre de cortisone.

Quelques jours avant mon déjeuner avec Ben, on m'indiqua un acupuncteur dans les Berkshires, à une heure de route de chez moi. J'espérais qu'il m'aiderait à me libérer de ce qui s'était emparé de moi, quoi que ce puisse être. C'était bon de conduire. C'était comme une méditation ambulante : je filais à toute vitesse sur des routes de campagne tortueuses en m'efforçant de ne penser à rien – raisonner ne m'était d'aucune aide. J'avais relu certains de mes premiers livres ces dernières semaines et je n'en revenais pas des choix que j'avais faits, des mots que j'avais employés, notamment dans mes fictions, qui signalaient une sorte de lucidité souterraine, toute proche mais insaisissable. La vérité était en moi depuis le début.

Dans mon premier roman, largement autobiographique, la narratrice, qui ne se sent pas à sa place dans la famille juive orthodoxe de son père, n'a d'autre désir que de s'intégrer à ce clan. Mais elle est obnubilée par le fait que personne ne la reconnaît comme membre de la famille à cause de sa physionomie. Dans un roman beaucoup plus récent, un secret mine une famille jusqu'à manquer de la détruire ; des parents bien intentionnés prennent des décisions égoïstes au détriment de leur enfant. Qu'avais-je su sans le savoir ? Mon esprit ignorant s'était inspiré de son intérieur cabossé pour forger des histoires. J'avais gravi, l'un après l'autre, tant de chemins ardus. En écrivant, j'avais passé ma vie à tâtonner dans le noir tel un mineur au fond d'une grotte, jusqu'à ce que soudain, à la faveur d'un peu de salive dans un tube à essai, tout s'éclaire.

Après que l'acupuncteur m'eut longuement écoutée raconter mon histoire – et que j'eus répondu, non sans hésitation, à la question de savoir si mon père était vivant ou mort –, il m'invita à m'allonger sur le dos, sur une table étroite. Il planta des aiguilles au sommet de mes épaules, à l'intérieur de mes poignets, de mes chevilles et au milieu du sternum. Il me couvrit d'une mince couverture et s'apprêtait à me laisser seule dans la petite pièce quand, au dernier moment, il s'arrêta.

« Connaissez-vous les trois grandes questions métaphysiques ? » me demanda-t-il.

J'avais les yeux fermés, encore brûlants, comme souvent en pareil cas, de la confession que je venais de faire.

« Qui suis-je ? » murmurai-je. Mais impossible de me souvenir des deux autres.

Nous gardâmes le silence un long moment. À l'extérieur, dans la rue principale de Stockbridge, j'entendis le souffle d'une voiture qui passait, le gazouillis d'un oiseau solitaire.

Enfin, il reprit : « Pourquoi suis-je ici ? »

Des larmes se mirent à rouler sur mes tempes puis se perdirent dans mes cheveux.

Il marqua un temps avant de me donner la dernière question.

« Et que faire de ma vie ? »

*

Je restai allongée sur cette table durant ce qui me parut des heures. Sur le mur à côté de moi étaient affichés plusieurs schémas représentant le corps humain d'après la médecine orientale. On aurait dit des cartes topographiques complexes, trois cents points au bas mot dessinant les principaux méridiens. Poumons, gros intestin, estomac, rate. Cœur, intestin grêle, vessie, reins. Péricarde, vésicule biliaire, foie. Avec précision, des lignes et des flèches descendaient en piqué puis décrivaient de grands arcs, le tout formant un enchevêtrement sophistiqué que je trouvais à la fois troublant et rassurant. Comment avais-je pu vivre sans être capable de répondre à la première et la plus fondamentale de ces questions : *Qui suis-je ?* Ignorant la réponse, comment pouvais-je envisager sereinement de passer aux suivantes ? *Pourquoi suis-je ici ?* Augusta Farris dans sa blouse blanche, mes parents pétris de honte et de désir, Ben Walden et sa garantie d'anonymat. Les mots de Shirley me revenaient en écho : *Tu n'es pas un accident de l'histoire.* Telle était l'énigme qui m'avait été confiée. *Que faire de ma vie ?*

# 40

Les rues de Teaneck, dans le New Jersey, étaient quasiment désertes la veille de Yom Kippour. Nous étions arrivés en avance et tournions en rond dans le quartier pour prendre nos repères. Inhabituels en semaine, le vide et le calme qui régnaient ce jour-là étaient signes que la ville se préparait à la plus grande fête du calendrier juif. Nous sommes passés devant une grande synagogue, une parmi d'autres. D'ici ce soir, elle serait emplie de fidèles et le son du *shofar* retentirait au ciel. Située à la périphérie de New York, Teaneck est réputée pour sa communauté juive très soudée. Le frère cadet de mon père s'y était installé avec sa famille et j'avais au moins deux cousins parmi les nombreux rabbins qui y officiaient. Cela ne faisait qu'ajouter à la dimension surréaliste du moment. De tous les points de rendez-vous possibles pour rencontrer Ben et Pilar, il avait fallu que l'on s'accorde finalement sur cette ville où je ne me sentais pas à l'aise.

Michael et moi nous sommes finalement garés juste devant Amarone, le restaurant italien que j'avais choisi. *Je connais un peu le coin.* En fait, je ne le connaissais pas du tout et je m'étais fiée aux conseils d'amis qui habitaient par là ; l'un d'eux avait même testé pour moi une ou deux adresses et m'avait envoyé des photos. Choisir un restaurant avait cristallisé une bonne part de mon angoisse. Il fallait que ce soit calme, mais pas trop calme non plus. Ni complètement vide à l'heure du déjeuner, ni plein à craquer : je ne voulais pas qu'on soit obligés de se presser. Enfin, pas trop cher mais suffisamment classe pour qu'on s'y sente bien. Ensuite, j'avais appelé le restaurant pour réserver une table dans un coin tranquille – que mon ami m'avait indiquée –, en expliquant que c'était pour une occasion particulière. Non, pas un anniversaire ni un anniversaire de mariage, rien à voir. Un truc important, c'est tout.

J'étais sur le qui-vive. Tout avait beau être planifié dans les moindres détails, cela me semblait toujours fou et impossible, comme si j'avais été propulsée dans un roman – un mélo – dont je jouais un personnage au lieu de vivre ma vie. À quoi s'ajoutaient des soucis plus techniques. Risquais-je de le braquer si je l'interrogeais sur la période de ma conception ? Allions-nous nous en tenir à un bavardage poli ? Jusqu'où allions-nous nous confier l'un à l'autre ? Et sa femme – cinquante ans de mariage, à la retraite, mère de trois enfants adultes –, qu'est-ce qu'elle avait bien pu ressentir en découvrant que son mari avait un autre enfant ? D'après les renseignements que j'avais pu glaner sur Pilar via Internet, elle avait eu un parcours assez classique pour une femme de sa génération. Elle était l'épouse d'un médecin. Elle adorait le golf. Elle et Ben étaient très impliqués dans leur paroisse. La révélation de mon existence avait dû chambouler leur univers – et pourtant, ils avaient finalement décidé d'accepter cette rencontre. *Second thoughtus.*

« On devrait entrer », proposa Michael. Nous avions encore une demi-heure devant nous. Peut-être étaient-ils eux aussi arrivés en avance. Et s'ils étaient déjà là ? Je voulais suspendre le temps, retenir cet « avant ». Je n'avais pas la force. Comment aurais-je pu être armée émotionnellement ou psychologiquement pour rencontrer le père biologique dont j'avais toujours ignoré l'existence ? C'était comme si on m'enjoignait d'exécuter un triple axel mes patins à glace à peine chaussés.

« Je ne suis pas prête. »

Nous étions dans la voiture, à contempler l'entrée d'Amarone. L'auvent bordeaux du restaurant abritait une petite terrasse ponctuée de tables. Il faisait anormalement doux pour la saison. J'avais mis, pour rencontrer mon père biologique, un de mes pulls préférés, un chemisier de soie et un pantalon de velours côtelé. *Ton père...* avait articulé Michael ce matin alors que nous nous habillions, *cela fait vingt ans que nous sommes mariés et je rencontre ton père aujourd'hui !*

J'avais envisagé de porter sur moi quelque chose

ayant appartenu à mon père, pour l'avoir auprès de moi. Mais je ne voulais pas de sa présence à table avec Ben. Je ne voulais pas le savoir là, dominant la scène, dévasté de chagrin. C'était comme une trahison pour un père, cette rencontre avec mon autre père. Et si mon père avait effectivement *su* – s'il m'avait aimée comme il l'a fait en sachant pertinemment que je n'étais pas sa fille biologique –, alors la tension extrême de cette journée s'en trouvait encore augmentée. Car s'il avait choisi de garder pour lui un secret aussi énorme, n'était-ce pas terrible qu'il soit révélé maintenant, à présent qu'il était trop tard pour en discuter ou demander pardon ? Un jour, j'ai entendu une voyante dire que les morts peuvent observer les vivants avec compassion mais sans être eux-mêmes affectés par des émotions. Dans ce cas, le restaurant entier devait être empli de mes défunts parents – mère, père, tantes, oncles – flottant en l'air, témoins invisibles et impassibles de la rencontre qui allait s'y jouer.

J'avais les yeux rivés sur le trottoir et la porte d'entrée d'Amarone.

« Allez, on y va, répéta Michael.

— Je ne peux pas. » J'avais l'impression d'être scotchée à mon siège. « Je le salue comment ? Je l'embrasse ? Je lui serre la main ?

— Tu sauras quand tu le verras.

— Et qui va payer l'addition ?

— C'est nous.

— Tu ne crois pas qu'il pourrait se sentir insulté ?

— Chérie, il faut que tu laisses les choses se faire. »

À ce moment précis – avant même que j'aie le temps de comprendre ce que je voyais –, j'ai aperçu un couple de personnes âgées remontant lentement le trottoir, tout près de nous. L'homme était grand, chenu, il portait une chemise bleue et un pantalon beige. Il donnait le bras à une petite dame élégante. C'était Ben.

« Sors de la voiture, dit Michael.

— Je ne peux pas. On attend un peu.

— Sors de la voiture, répéta-t-il. Tout de suite. »

Il avait parlé gentiment mais fermement, d'un ton n'admettant aucune réplique, comme à un enfant qui apprend à nager ou à faire du vélo. C'était à moi de jouer maintenant, de me jeter à l'eau. J'ouvris la porte de la voiture. Je les vis me voir. Plus possible de faire demi-tour.

Nous nous sommes avancés tous quatre les uns vers les autres. Une demi-douzaine de pas, guère plus. Et maintenant ? Il n'y avait rien d'autre à faire que d'accepter l'étrangeté du moment, s'y fondre.

« Ben ?... Bonjour. »

C'était troublant de le regarder – de voir mes traits en lui. Tout ce temps que je passais enfant à me débattre avec mon reflet, c'était donc pour cela ! Je ne faisais que chercher la vérité dans le miroir, sans relâche, me dévisageant pour mieux me déchiffrer. Et voilà enfin la réponse, incontestable, en la personne du vieil homme qui se tenait devant moi.

Je lui tendis la main. « Je suis Dani. »

Il sourit, ses yeux se plissèrent. Nos joues à tous deux étaient devenues pourpres. Michael et Pilar se tenaient maintenant légèrement en retrait. Un passant aurait pu nous prendre pour une famille.

Ben s'avança vers moi, d'un petit pas maladroit. Sa voix semblait sortie d'un de ces rêves encore vifs au réveil. Ses premiers mots :

« Est-ce que je peux t'embrasser ? »

# 41

Nous étions installés, comme je l'avais demandé, dans un coin à l'écart. Nappe à carreaux, protège-menus en cuir, pain italien et petit pichet d'huile d'olive. Nous remplissions verre d'eau sur verre d'eau. Et nous avons bien attendu une heure avant d'ouvrir nos menus. Sous la table, je n'arrêtais pas de trembler. Je n'avais aucun appétit. Je discutai surtout avec Pilar, mais écoutais d'une oreille la conversation de Ben et Michael. Ils parlaient de choses simples, ordinaires. Du Corps de la paix, où ils avaient tous deux travaillé. Ils s'étaient renseignés l'un sur l'autre et avaient repéré ce point commun. Ben et Pilar avaient lu trois de mes livres et le début d'un livre de Michael sur l'aide internationale. Nous avions tous potassé, comme pour un examen. Il y a une chose, en tout cas, que je m'étais promis de dire – ce que je fis dès que j'entrevis la possibilité d'interrompre notre poli bavardage.

« Je tiens à te remercier, dis-je à Ben, rien ne t'obligeait à faire tout ça. Tu aurais pu ignorer purement et simplement mon premier message. »

Il rougit de plus belle.

« Il l'a effacé à la seconde où il l'a lu », répondit Pilar. Elle avait une voix chantante, encore marquée par son accent brésilien. « Comme une patate chaude ! »

Ces jours interminables, irréels, à San Francisco. Passés à vérifier ma boîte mail, frénétiquement. À m'imaginer le docteur de Portland qui trouvait mon message… Il l'avait effacé ! Espérant bien s'en débarrasser.

« Puis tu m'as envoyé un deuxième message, reprit Ben, et je suis allé récupérer le premier dans la poubelle.

— J'étais choquée ! » intervint Pilar. Je n'apprendrais que des mois plus tard ce qu'elle avait vraiment dit à Ben : *Comment as-tu pu être aussi bête ?*

« Je n'avais tout bonnement jamais envisagé cette éventualité, que je puisse avoir des enfants biologiques, confessa-t-il. Je n'ai été donneur que peu de temps. Et sincèrement, je n'y ai jamais repensé une fois mes études de médecine terminées. »

J'échangeai un bref regard avec Michael. Ben n'avait pas dit cela par hasard. Il nous informait qu'il n'avait pas été un donneur prolifique. Que je n'étais pas dans la situation – comme certains dont j'avais lu l'histoire – d'avoir des centaines de demi-frères et demi-sœurs. Ce qui était aussi le scénario que Ben et Pilar avaient dû redouter le plus.

Plus tard, je me demanderais comment il se pouvait que Ben – qui était médecin, et même spécialisé en éthique médicale – n'ait jamais imaginé avoir peut-être quelque part des enfants biologiques. Je me dirais que tous trois – ma mère, mon père, Ben Walden – avaient décidément enterré les conséquences de leurs actes au point de se convaincre qu'elles n'existaient pas. Mais ces réflexions n'étaient pas pour aujourd'hui. Aujourd'hui, tout mon être s'efforçait d'absorber un maximum de choses. Qui sait si nous nous reverrions jamais ?

Quand nous eûmes enfin passé commande – salade caprese et poulet grillé –, nous avons repris toute l'histoire en détail. La façon dont Michael avait identifié l'institut Farris. Notre intuition selon laquelle le donneur était un étudiant en médecine de l'université de Pennsylvanie. L'apparition d'Adam Thomas sur ma page Ancestry. La facilité avec laquelle nous l'avions retrouvé sur Facebook – mon cousin germain, le neveu de Ben. L'avis de décès de la sœur de Ben. Sans ces fameuses initiales A.T., nous ne serions pas ensemble à cette table aujourd'hui. Le vieux médecin de Portland et moi serions restés ignorants l'un de l'autre, anonymes l'un pour l'autre. J'aurais certes découvert que je n'étais pas la fille biologique de mon père, mais rien de plus. Et j'aurais, très certainement, passé le reste de ma vie à scruter le visage de certains hommes en me demandant par quel mystère j'étais venue au monde.

Pilar me parlait de sa passion pour le golf, de leur quotidien dans une résidence de retraite des environs de Portland, de leurs trois enfants, mais en parallèle je gardais une oreille branchée sur la conversation de Ben et Michael. J'entendis Ben demander à Michael s'il avait déjà vu une photo de sa fille, Emily. Je sentis le regard de Ben posé sur moi – son étonnement d'une telle ressemblance. La moindre cellule de mon corps était en alerte. J'avais des questions à lui poser mais n'osais pas. Je craignais de briser le délicat équilibre que nous avions trouvé. Nous étions quatre personnes qui s'appréciaient sincèrement. Par moments, dans le feu de la discussion, nous en venions presque à oublier le motif de notre présence dans ce restaurant – enfin, eux, pas moi.

Je n'arrêtais pas de regarder Ben puis de détourner les yeux. *Père.* Je n'avais pas l'impression qu'il était mon père. Il ne m'avait pas élevée. Nous venions de nous rencontrer. Alors qui était-il pour moi – et moi pour lui ? *Biologique. Social.* Plus tard, je songerais que Ben Walden était pour moi comme un pays natal. Je n'avais jamais vécu dans ce pays. Je n'avais jamais parlé sa langue ni baigné dans ses coutumes. Je n'avais pas de passeport ni de citoyenneté officielle. Et pourtant, toute ma vie j'avais été modelée par cette contrée, pétrie d'un désir confus de connaître ma terre.

La lumière du soleil qui éclairait le restaurant à notre arrivée avait disparu. Quatre heures et quart s'étaient écoulées en un rien de temps. Les autres clients étaient partis depuis longtemps. Tout autour de nous, le personnel dressait les tables pour le soir. La nuit allait bientôt tomber – et les miens se préparer pour le *yontef*. Pilar me demanda si j'avais une photo de Jacob ; je cherchai sur mon téléphone celle que j'avais prévu de leur montrer le cas échéant. C'était une photo de cet été : les cheveux de Jacob avaient blondi au soleil et il était tout bronzé, à force d'être dehors à tourner des films et jouer au tennis. Un vrai golden boy. Il ressemblait beaucoup à Ben. Pilar s'extasia. *Il est magnifique !* Puis elle fit passer mon portable à son mari.

À un certain moment, Ben avait manifestement décidé de me faire confiance – de cesser de s'inquiéter du respect de sa vie privée, de mon statut d'écrivain, de l'existence potentielle d'autres enfants biologiques. C'était peut-être même avant que l'on se rencontre. La semaine précédente, pour Roch Hachana, il m'avait envoyé un mot pour nous souhaiter *Leshana tova tikateivou*. Puissiez-vous être inscrits dans le Livre de la vie et passer une bonne année. Il avait dû vérifier la formule. Une manière de tendre la main en respectant nos différences, tout en reconnaissant l'importance de notre lien.

Après avoir examiné la photo pendant une bonne minute, Ben attrapa à son tour son téléphone et me le tendit, ouvert sur une galerie de photos. Il se racla la gorge.

« J'ai rassemblé ces images pour toi, dit-il, les ancêtres, la famille. »

Un homme et une femme à l'entrée d'une ferme.

Elle en robe à fleurs. Lui en manches de chemise. Une fois de plus, je me sentais incapable d'enregistrer ce que j'avais sous les yeux.

« Ce sont mes parents, dit Ben, chez eux, dans l'Ohio. » Grands-parents. Pas cet homme chauve imposant, avec sa kippa et son lorgnon. Pas la femme majestueuse dans son cadre doré, les cheveux tirés en arrière, une broche au col. Ces derniers étaient mes grands-parents spirituels, pas biologiques. C'est au premier couple que je devais la vie. Je scrutais leurs visages pour voir si j'y trouvais quelque chose de familier.

« Sur celle d'après, c'est mon grand-père », indiqua Ben. « Il était avocat à Cleveland. » La photo d'un homme moustachu, guindé, sérieux, à la mode de l'époque. « Et là, c'est son père à lui, donc mon arrière-grand-père. » Un portrait sépia, du milieu du XIX^e^. « Notre famille a débarqué à Nantucket au XVII^e^ siècle. »

Partout dans le quartier, des familles, entamant le jeûne traditionnel après le repas de *yontef*, devaient s'être mises en marche vers la *shoul*, non sans avoir allumé dans leur cuisine des bougies de *yortsaït*. En mémoire de leurs morts.

Juste là, devant notre restaurant italien, j'imaginais des hommes drapés dans leur *talith*, des femmes la tête couverte, des petits garçons coiffés de petites kippas, des petites filles bien habillées tenant leur père par la main – tous descendant les rues en procession comme je le faisais jadis. Dans les synagogues, les torahs reposaient au creux de leur arche, recouvertes de velours brodé et d'argent étincelant. Quand on apercevrait trois étoiles dans le ciel du soir, les arches seraient ouvertes et tout le monde se lèverait. L'office de Kol Nidre débuterait dans toute sa plaintive beauté.

*Débarqué à Nantucket au XVII^e^ siècle.* Cela n'avait aucun sens, et tellement de sens à la fois. Mais j'eus à peine le temps de digérer cette information que le téléphone de Michael se mit à vibrer sur la table. Tandis qu'il décrochait, je vis que c'était Jacob. Il savait que nous avions rendez-vous avec Ben et Pilar et pensait sûrement que nous avions fini de déjeuner.

Prise de panique, j'enjoignis à Michael d'aller répondre dehors. Je ne voulais pas donner à Ben l'impression d'être piégé ou forcé à quoi que ce soit.

Toute la fragilité de notre lien se rappelait à moi. Alors que Michael se levait, Ben l'arrêta.

« C'est bon, dit-il gentiment, il n'y a pas de problème. »

Michael me tendit le téléphone. Le visage de notre fils emplissait l'écran.

« Nous sommes encore avec Ben et Pilar, mon chéri. Tu veux leur dire bonjour ? » dis-je en tournant l'écran vers Ben.

Il prit le portable dans sa main et regarda son petit-fils.

« Salut Jacob, comment vas-tu ? Je suis très heureux de faire ta connaissance.

— Ça va très bien ! Moi aussi, ça me fait plaisir ! »

Parmi tous les moments extraordinaires qui s'étaient enchaînés depuis le mois de juin dernier – tant d'instants singuliers, inexplicables, beaux et profondément mystérieux –, voir un homme de 78 ans rencontrer son petit-fils de 17 ans sur FaceTime était un instant béni. Quelque chose d'instable en moi se fixa. Même si les choses en restaient là, si nous ne devions jamais nous revoir, Jacob et son grand-père s'étaient reconnus mutuellement, s'étaient dit en quelque sorte : *Te voilà !*

Nous n'avions pas envie de nous quitter. Après être enfin sortis du restaurant, Michael et moi avons accompagné Ben et Pilar à leur voiture, garée en face de la synagogue à l'angle de la rue.

« Tu sais, Emily aimerait bien faire ta connaissance, me dit Pilar.

— Moi aussi !

— Tu devrais lui écrire, me conseilla-t-elle.

— J'hésitais à le faire, justement. »

Je songeai au signal de fumée que m'avait envoyé Emily sur Twitter. *Je te vois.* Et à celui que je lui avais envoyé en retour. *Moi aussi, je te vois.* Quel sens cela aurait-il de faire la connaissance de ma demi-sœur ?

« Je suis sûre qu'elle appellera ce soir, pour prendre des nouvelles de notre déjeuner, me dit Pilar, l'œil pétillant. Qu'est-ce que je dois lui dire, d'après toi ?

— Dis-lui que tout s'est passé pour le mieux. »

Je profitai de ces derniers échanges pour informer

Ben et Pilar que je passerais à Portland à l'occasion de la tournée de promotion de mon livre au printemps suivant. La perspective de se revoir un jour soulagea tout le monde.

« Nous viendrons t'écouter », dit Ben.

Puis nous nous embrassâmes – chacun de nous embrassa les deux autres –, cette fois-ci sans malaise aucun. Juste l'impression d'avoir été visité par une sorte de grâce.

De retour à la maison tard dans la soirée, je cherchai dans mes placards ma réserve de bougies de *yortsaït*, mais apparemment nous n'en avions plus. Je n'allumerais donc pas de bougies à la mémoire de mes chers et mystérieux défunts parents le soir de ma rencontre avec Ben Walden. Au lieu de cela, je m'efforçai de leur faire à tous une place dans mon cœur débordant.

Un rabbin me rappellera plus tard que le mot hébreu signifiant « père », *abba*, est composé des deux premières lettres de l'alphabet : *aleph, bet*. Il me demandera si je me sens capable d'accepter les deux affluents qui se rejoignent en moi, ces deux pères dont je viens. J'apprendrai à accepter les deux affluents, avec le temps. Leur confluence est l'histoire de ma vie. Mais ce soir-là, assise seule sur le divan de mon bureau, ce même divan où, moins de quatre mois plus tôt, j'avais découvert la vérité sur mes origines paternelles, j'écrivis à Ben un mot de remerciements. Que je conclus ainsi : *Tendrement.*

IV

## 42

Je m'étais imaginé qu'après mon déjeuner avec Ben, j'allais me sentir mieux, d'une façon ou d'une autre. Soulagée, peut-être. Réconfortée par cette rencontre chaleureuse. N'avais-je pas eu une chance inouïe, dont rêverait n'importe quelle personne conçue par don de sperme ? Je me surprenais même à parler de cette entrevue comme d'un miracle – c'en était un à mes yeux –, mais pas seulement.

À ma grande surprise, en effet, je ressentais un désespoir encore plus profond. Hypersensible à la lumière, sursautant au moindre bruit – un chien qui aboie, une porte qui claque –, je restais chez moi le plus clair de mon temps, à creuser l'histoire de l'insémination avec donneur, à lire des articles savants truffés de citations d'éthiciens et de philosophes sur les droits des enfants conçus par don de gamètes, et d'autres livres encore sur la *halakhah*, comme s'il me suffisait de trouver la clé d'une porte unique, sésame vers tout ce que j'ignorais encore.

Parfois, tard dans la nuit, éreintée, émotionnellement épuisée, j'atterrissais sur des catalogues en ligne de donneurs de sperme. Je zappais alors d'une page à l'autre. Les types utilisaient des pseudos comme Ze Artist, Nirvana, McDonneur, En-veux-tu-en-voilà, ou Mission Accomplie. En surfant sur ces sites, je me sentais mal à l'aise, voyeuse, pas à ma place.

J'aurais été incapable d'expliquer ce que je cherchais, pourquoi j'examinais ainsi ces catalogues. Je songeai tout à coup à l'épisode biblique de Joseph et ses frères, ainsi qu'à un passage du roman de Thomas Mann inspiré de cette histoire :

> *[...] son désir d'assigner un début à l'histoire dont il faisait partie se heurtait à la difficulté propre à semblable effort ; en effet, chacun de nous a un père et rien n'existe d'emblée, de soi-même, étant sa propre cause ; toute chose au contraire a été engendrée et renvoie, à rebours, à ses fondements premiers, aux tréfonds et à l'abîme de la source du passé.*

Nous venions de deux mondes différents, Ben et moi ; nous avions vécu des vies différentes – chacun de son côté –, mais tout le monde a un père, et le mien, c'était lui. Il m'avait engendrée, comme on disait jadis, et de ce fait-là un lien existait entre nous, un lien si important que j'avais du mal à en prendre la mesure. À lire les notices biographiques de ces hommes, je me demandais s'ils savaient vraiment ce qu'ils faisaient : tous mettaient en avant leur beauté ou leur ressemblance avec des célébrités diverses, allant de Kurt Cobain à Cary Grant. Et la plupart réclamaient l'anonymat. *Anonyme, anonyme, anonyme.* Ils ne voulaient pas être contactés quand l'enfant atteindrait la majorité. Ils voulaient faire leur don et passer à autre chose. Mais un homme pouvait-il vraiment, émotionnellement parlant, donner son sperme, cocher la case « anonyme » et passer à autre chose ? À moins que, comme ce fut le cas pour Ben plusieurs décennies plus tôt, tout cela ne se fasse progressivement ?

Il y a plus de dix ans maintenant, Michael et moi avons tenté d'agrandir notre famille. Idéalement, nous ne voulions pas que Jacob soit fils unique. Mais sa maladie infantile nous avait minés pendant des années et nous avons attendu d'être sûrs qu'il soit sorti d'affaire. Entre-temps, j'avais atteint la quarantaine. Après des mois de tentatives infructueuses, nous avons eu recours à des inséminations intra-utérines plus ou moins artisanales. Michael eut droit lui aussi à une variante de la cabine équipée de magazines porno. J'ai fait une fausse couche, puis une seconde, cette fois-ci à la fin du premier trimestre. Je nous vois encore agrippés l'un à l'autre, concentrés sur le verdict de l'obstétricien : le cœur du bébé ne battait que faiblement. Une semaine plus tard : il ne battait plus du tout. Les mains sur mon ventre, je pleurai l'espoir perdu d'avoir un deuxième bébé. Jacob avait déjà 6 ans. Et chaque mois qui passait creusait davantage la différence d'âge entre lui et un petit frère ou une petite sœur éventuels.

Le soir, assis côte à côte sur le canapé de la bibliothèque, Michael et moi passions en revue des photos et de brèves biographies de jeunes femmes – des donneuses d'ovocytes –, susceptibles de pallier, voire d'améliorer mon organisme défaillant et vieillissant. Il y avait des donneuses juives, des donneuses sportives, des donneuses super diplômées, d'anciennes top-modèles. Nous étudiions leur graphie, écartions certaines candidates pour des motifs ridicules : Unetelle remplaçait le point de ses *i* par un petit cœur. Telle autre avait fréquenté une université évangélique. Quel rapport avec leurs gènes ? Plus nous étions obnubilés par notre projet, plus nous étions perdus. Sans nous en rendre compte ni même le pressentir, nous avions glissé dans le monde gris et glauque qu'avaient jadis connu mes parents, une atmosphère empreinte de honte, de souffrance et d'un sentiment d'échec – et voilà qu'on nous offrait une lueur d'espoir. À l'époque pourtant, j'avais conscience que nous avancions avec des œillères, les yeux rivés sur le but à atteindre. Je savais que si l'on s'arrêtait en chemin pour peser le pour et le contre, nous n'irions pas bien loin.

En revanche, il y avait un point qui ne faisait aucun doute, qui nous semblait évident sans qu'on ait eu besoin d'en discuter : ce bébé – si bébé il devait y avoir – connaîtrait dès le début son origine. Tel un fil rouge et sans plus de cérémonie, elle serait tissée à sa prime enfance. Nous connaissions de nombreux parents d'enfants issus de donneurs – de jolies familles. Certains leur avaient dit la vérité, d'autres non. J'étais mal à l'aise au contact de ces enfants ignorant leur véritable identité. Comment pouvais-je avoir connaissance d'une donnée aussi fondamentale sur eux alors qu'eux-mêmes l'ignoraient ? Comment les parents pouvaient-ils croire que c'était la meilleure solution ? C'était inconcevable, me disais-je, de porter toute sa vie un secret aussi lourd.

Pourtant, j'avais moi-même été dans la situation de ces enfants, et mes parents dans celle de leurs parents. Le problème, m'apparut-il alors, était l'anonymat : la promesse, le désir d'anonymat. Ma blessure cachée était due au secret, au déni et à la pensée magique, à la certitude que personne n'avait ni n'aurait jamais à savoir. Non au fait que mes parents aient cherché à concevoir un bébé de cette manière – quand bien même c'était sacrilège et illégal –, mais à ce qu'ils se soient eux-mêmes coupés de la vérité, me la dissimulant du même coup. Je commençais à comprendre comment les choses avaient pu se passer, mais il n'en restait pas moins que leurs choix avaient fait de mon univers intérieur un lieu plein de lézardes et de fissures, de trous impossibles à combler par une enfant perdue qui pressentait son altérité et s'en culpabilisait. Je comprenais désormais cette altérité. Nous venions de déjeuner ensemble.

Le secret et l'anonymat étaient la philosophie dominante il y a cinquante, soixante ans. Mais maintenant ? En surfant d'un site Web à l'autre, je me demandais combien d'enfants naissaient encore dans le mensonge. Les donneurs continuaient à rester dans l'ombre – du moins était-ce le souhait de la majorité d'entre eux. Évidemment, de nos jours, l'idée même que l'anonymat puisse être garanti est absurde, et pourtant elle demeure omniprésente. Je songeai au constat peiné d'Alan DeCherney. *Aujourd'hui, il n'y a plus de secrets.*

Je décidai de me rendre à la Cryobank de Californie, la plus grande banque de sperme américaine. Je voulais voir le visage contemporain de la reproduction assistée, non plus en cliente intimidée et naïve – celle que j'avais été des années plus tôt –, mais en femme qui venait enfin de percer le mystère de ses origines.

Par une fin d'après-midi typiquement angeline – ciel sans nuages, palmiers bruissant au vent léger –, je penchai la tête en arrière pour contempler une citerne en inox de vingt mille litres surplombant un bâtiment de deux étages, situé dans un quartier résidentiel. La citerne, remplie d'ampoules de sperme congelé à l'azote liquide, était entourée de fils barbelés et protégée par un système hyper-performant. C'était comme si j'avais sous les yeux un futur virtuel : cette cuve contenait en puissance de quoi peupler plusieurs petits pays.

J'étais accompagnée du fondateur de la Cryobank de Californie, Cappy Rothman, un fringant urologue de 80 ans surnommé le Dieu du sperme. Rothman avait de longs cheveux blancs plaqués en arrière et des yeux d'un bleu perçant. Il avait rejoint le domaine de la médecine reproductive bien après l'époque de ma conception et ne m'apprendrait donc rien sur mon histoire ou son contexte. Ce qui l'intéressait, lui, n'était pas le passé, que je cherchais si laborieusement à reconstituer, mais le futur. Cela dit, j'étais curieuse aussi de ce que l'avenir nous réservait, tant m'avaient bouleversée les témoignages que j'avais lus ou entendus ces derniers temps, d'hommes et de femmes exilés de leur identité, exclus d'eux-mêmes pour avoir été maintenus dans l'ignorance.

« Combien d'âmes – potentielles, je veux dire – avez-vous là-dedans ? » demandai-je pour prendre la mesure du site, qui avait l'air d'un petit arsenal nucléaire sous haute protection. J'employai à dessein le mot *âme* pour tester Rothman, voir s'il songeait parfois aux vies futures contenues dans ces ampoules de sperme – ou si son seul souci était de les vendre. Le catalogue de la Cryobank proposait à ses clients, en option, des photos d'enfance du donneur, un résumé de son histoire familiale sur trois générations, un enregistrement audio où il décrivait lui-même ses passions, ainsi que des poèmes, chansons, articles ou dessins de sa main. Les parents – voire plus tard les enfants – pouvaient ainsi entendre la voix du donneur ou lire un sonnet de sa plume. Je doutais pour ma part que l'on puisse se contenter de tels fragments biographiques.

Rothman resta songeur, comme s'il ne s'était jamais posé la question. Il y avait là des centaines de cuves, et chacune contenait – comme je pus le constater lorsqu'il m'emmena à l'intérieur et en ouvrit quelques-unes devant moi – des milliers et des milliers de minuscules ampoules de sperme flottant dans la vapeur.

« Des millions… oui, je dirais des millions d'âmes. »

Nous étions à mille lieues du petit monde secret que mes parents avaient pénétré à Philadelphie en 1961. À l'époque, la technologie permettant de congeler le sperme n'existait pas encore. Il n'y avait évidemment pas de catalogue. Ni de site Internet pour vous faire miroiter toutes sortes de possibles ou vous lister les personnalités avec lesquelles votre donneur potentiel rêverait de déjeuner, façon portrait chinois. Mes parents avaient-ils débattu avec Edmond Farris des mérites comparés de différents hommes ? Honnêtement, je ne crois pas. Tout au plus avait-on fait quelques allusions, dans les limites imposées par la bienséance et la pudeur. Avait-on tenté de respecter le teint de mon père ? Tenu compte de son groupe sanguin ? Contrairement à nombre de couples en quête d'un donneur aujourd'hui – à commencer par Michael et moi –, mes parents n'auraient eu que faire du curriculum vitae du leur. Ce qu'ils auraient voulu plutôt, c'est refouler le donneur, le dynamiter et le réduire en miettes jusqu'à ce qu'il n'en reste qu'une poussière microscopique. *Laissez-nous faire*, avaient-ils dû s'entendre dire. Enfin, si du moins on leur avait dit quoi que ce soit.

Le bureau de Rothman, au deuxième étage, était tapissé de reproductions de toiles célèbres. *La Nuit étoilée* de Van Gogh jouxtait l'un de ses autoportraits, mais en lieu et place des coups de pinceau, des spermatozoïdes frétillants. Plus tard, Rothman m'enverrait des goodies de la Cryobank : un stylo-bille dans le tube duquel flottait un minuscule embryon en plastique ; un T-shirt détournant *Le Cri* d'Edvard Munch, avec un gros spermatozoïde évoquant plutôt Casper le fantôme. Je ne savais trop si son esbroufe était un genre de performance artistique ou son Saint-Graal à lui – peut-être un peu des deux. Il s'était forgé une légende de créateur de vie. Plus il y avait d'êtres vivants, mieux c'était.

Je tentai de lui raconter ma récente découverte. Retenir son attention n'était pas chose facile, mais je parvins tout de même à bredouiller mon histoire. Il eut l'air embêté quand je lui confiai avoir retrouvé Ben. On ne s'en étonnera pas : il était convaincu, comme la plupart des directeurs de banque de sperme, que la fin de l'anonymat sonnerait la mort de son industrie. Ce en quoi il n'avait probablement pas tort. Si Ben avait su, quand il était étudiant en médecine, que son identité pourrait un jour être révélée, il n'aurait jamais été donneur. Et je ne serais pas là.

« Quelle est votre politique en matière de confidentialité ? lui demandai-je. Conseillez-vous aux parents de révéler leur origine à leurs enfants ? »

Il haussa les épaules. « Ça, c'est vraiment à eux de voir. Nous, on ne s'en mêle pas. Et je ne vois pas bien ce que ça change, d'ailleurs.

— Ça peut être un vrai traumatisme, vous savez... De ne pas savoir. Puis de le découvrir un jour. »

J'étais en train de me laisser gagner par l'émotion. Toutes ces cuves pleines de minuscules ampoules, et chaque ampoule remplie d'un nombre vertigineux de spermatozoïdes congelés. Lors de notre visite du site, j'avais remarqué des conteneurs pour le transport ainsi que des boîtes en métal remplies d'azote liquide et étiquetées en jaune fluo : « Ne pas renvoyer les ampoules vides. » Le sperme congelé de Ze Artist et d'En-veux-tu-en-voilà était ensuite soigneusement emballé dans des cartons ondulés hyper-résistants avant d'être chargé sur des camions FedEx, dans la soute de cargos ou d'avions, en route vers Dieu sait où. Des millions. Des millions d'âmes.

« En quoi est-ce un traumatisme ? » Rothman était perplexe. « Vous êtes là, au final, non ? »

J'avais déjà eu affaire à ce genre de raisonnement. Aurais-je préféré ne pas être née ? Bien sûr que non. J'éprouvais une immense gratitude pour la vie qui m'avait été donnée. Pour ce que Ben Walden ait eu une heure de libre le jour de ma conception. Pour le puissant mélange de courage et de désespoir qui avait animé mes parents, et même pour leur aveuglement plus ou moins volontaire. Mais la gratitude n'empêche pas le traumatisme.

Lentement, j'expliquai : « C'est traumatisant parce que, à 54 ans, je viens de découvrir que le père que j'adorais, le père qui m'a élevée, n'était pas mon père biologique. Que la famille de laquelle je croyais venir n'est pas ma famille biologique. Que mes ancêtres ne sont pas mes ancêtres biologiques. »

Rothman se cala dans son fauteuil et me dévisagea. L'espace d'un instant, il eut l'air de compatir sincèrement.

« Je comprends que ça puisse être difficile », dit-il avant d'ajouter avec un grand sourire : « Mais vous êtes drôlement bien, pour une femme de 54 ans ! Vous avez reçu d'excellents gènes ! »

Les inséminations intra-utérines, les catalogues de jeunes femmes parfaites que nous consultions avec Michael, les rendez-vous avec les médecins, les thérapeutes, les experts de ceci ou cela, les trajets incessants, tout cela finissait par se fondre dans une frénésie de plus en plus nébuleuse. Chaque pas que nous faisions nous enfonçait plus profondément dans un monde absurde, où tout était orchestré de façon à paraître logique et sensé. Et pour la plupart des gens, ça l'était réellement. Mais pas pour nous. J'ai traversé cette période en somnambule, comme si une partie de moi, enfouie, savait que j'étais en territoire familier. Éternel retour de l'histoire. Quels vestiges, quelles bribes de conversations, quels regards furtifs, quelles portes closes, quels murmures véhéments m'avaient collé à la peau pour, après tant d'années, me donner l'impression – alors que nous tentions d'avoir un deuxième enfant, que cet enfant devenait un objectif à atteindre – d'assister à la répétition d'une pièce dont je connaissais les répliques par cœur ?

Pour finir, nous avons renoncé. Nous avons décidé que notre petite famille de trois nous convenait parfaitement et que Jacob vivrait autrement que moi le fait d'être fils unique. C'eût été différent, sans doute, si nous n'avions pas eu d'enfant du tout et avions absolument tenu à devenir parents. Mais c'était comme une intuition : m'engager dans cette voie était dangereux pour moi. Je n'aurais su expliquer pourquoi. Quelque chose me disait que nous risquions d'y gâcher notre vie. Que s'y aventurer ne nous vaudrait que détresse, souffrance, déni, secrets, chagrin. Tout ce que je savais, c'est que je me sentais asphyxiée, paralysée, par des choix que je ne pouvais me résoudre à faire vraiment et un futur dans lequel j'étais incapable de me projeter.

Je n'ai pas songé un instant à notre brève et folle incursion dans le royaume de la reproduction assistée le jour où j'ai découvert que mon père n'était pas mon père. Ni quand me sont revenus en tête les mots exacts de ma mère dans la voiture, ni quand Susie m'a suggéré dans la foulée de creuser la question. Je n'ai pas fait tout de suite le parallèle entre ce qu'avaient vécu mes parents et ma propre expérience, lorsque j'ai appris que j'étais issue d'un don de gamètes et que, comme au bonneteau, les gobelets une fois retournés ont révélé la balle : Ben.

Être capable d'imaginer ses parents tels qu'ils furent avant notre naissance est signe que l'on est véritablement entré dans l'âge adulte. Ma mère : pas encore la grande narcissique borderline nous infligeant ses crises de rage. Mon père : pas encore l'homme fragile consumé par son chagrin. Mais tous deux jeunes, pleins d'énergie, encore amoureux, et souhaitant, espérant, priant pour que la vie leur offre enfin une famille, juste récompense de leurs efforts. Le choc s'atténuant doucement, je parvins à plonger dans le monde d'avant moi et à me les représenter, avec leurs défauts : un peu trop optimistes, conformistes, facilement influençables.

Peu après ma rencontre avec Ben, j'ai retrouvé au garage une boîte oubliée ayant appartenu à ma mère ; elle contenait des petits mots et des cartes qu'elle avait reçus à l'occasion de ma naissance. Parmi eux, un télégramme adressé par un rabbin d'Israël à mes grands-parents pour les féliciter de cette grande *mitzvah* qu'était l'arrivée de leur dixième petit-enfant. Tout au fond de la boîte, il y avait une carte de fleuriste écrite à ma mère de la main de mon père :

*Ma très chérie,*
*Ce fut long. Ce fut difficile. Mais, comme tout ce que tu fais, exceptionnel.*
*Avec tout mon amour, Paul*

## 43

Un jour, en rangeant les tiroirs de mon bureau, j'ai trouvé une carte que Susie avait écrite à Jacob pour sa bar-mitzvah quatre ans plus tôt. *Bon pour le portrait de ton arrière-grand-père Joseph Shapiro*, disait la carte. Susie avait hérité de ce tirage quand Shirley avait déménagé à Chicago. Cela m'avait blessée, même si je n'en avais rien montré. Ce portrait de notre ancêtre trônait au-dessus de la cheminée chez mes grands-parents. Dans une famille qui tirait fierté de sa galerie de portraits, c'était là celui du patriarche par excellence : de grande dimension, pictural, impressionnant. Notre grand-père y était majestueux dans un complet trois-pièces gris foncé, une main posée sur un livre, ses bésicles sur le nez. Il avait l'air d'un homme parfaitement maître de son destin. Et je me plaisais à croire qu'être en possession de ce portrait me rendrait moi aussi, comme par magie, maîtresse du mien.

Je m'étais toujours demandé pourquoi Shirley avait offert le portrait à Susie et je fus à la fois surprise et secrètement ravie d'apprendre que celle-ci envisageait de le léguer à Jacob. Jacob, espérais-je, accrocherait un jour chez lui ce précieux héritage, cette relique familiale. Mais le portrait lui revenait-il toujours à présent que Joseph Shapiro n'était plus son arrière-grand-père ? La question était à la fois déchirante et absurde. Je savais que Jacob ne se soucierait jamais – et ne s'était sans doute jamais soucié – de cet homme mort depuis des lustres, qu'il lui soit ou non apparenté. Il n'empêche : c'était tout de même frappant de voir se refermer des pans entiers de nos vies, soudain scellés telle une capsule temporelle renfermant de vieilles images d'archives granuleuses, un *talith* jauni, des attaches en argent gravées ou encore les photos encadrées de gens que j'avais longtemps pris pour les miens.

Une nouvelle fois, Susie et moi nous étions éloignées avec une déconcertante facilité, et même une sorte de soulagement : notre discordance de toute une vie enfin expliquée ! Durant une brève période juste après ma découverte, nous avions eu plusieurs conversations téléphoniques pour tenter de démêler ce que notre père avait pu ou non savoir. J'avais alors demandé à Susie si elle s'était toujours doutée que je n'étais pas la fille de notre père. Si c'était pour cela qu'elle avait jadis évoqué la pratique du mélange de spermes ? Effectivement, elle s'en était doutée.

« À cause de quoi ? demandai-je.

— Tu avais l'air tellement… *chrétienne* ! »

Je me tournai vers mon autre demi-sœur, non pas celle qui n'avait fait que rôder avec ses soupçons à la lisière de mon enfance, mais celle avec laquelle j'avais un lien de sang. Ben et Pilar m'avaient encouragée à la contacter, sans quoi je ne l'aurais pas fait. Tous deux s'étaient montrés chaleureux et ouverts, mais plus le temps filait et plus j'avais l'impression qu'une part de moi serait pour toujours et à jamais vagabonde. Étrangère en terre étrangère. Régulièrement, des expressions de la Torah remontaient à ma conscience comme tirées des profondeurs d'un chaudron géant. *L'Éternel te dispersera parmi tous les peuples, d'un bout à l'autre de la terre.* En matière d'exil, j'avais été à bonne école. Pour moi, l'exode et ses conséquences coloraient la plupart des grands épisodes bibliques. D'ailleurs, pour la bar-mitzvah de Jacob, j'avais choisi *Bamidbar*, un passage de la Torah terriblement ennuyeux dans lequel Dieu enjoint à Moïse de procéder à un recensement des douze tribus d'Israël errant dans le désert du Sinaï.

Je m'étais résolue à prendre conseil auprès d'amis et de connaissances – rabbins, pasteurs, moines bouddhistes, philosophes. Autant de gens remarquables que j'avais rencontrés quand Jacob était petit, tandis que j'écrivais un livre sur mon parcours spirituel pour tenter de réconcilier mes croyances – ou plutôt mes non-croyances – avec mon éducation religieuse. Je traversais à l'époque une crise spirituelle, mais peut-être savais-je d'ores et déjà que j'aurais besoin, un jour, du renfort d'une telle armée. C'est mon âme à présent qui était en crise. Ayant perdu tout repère – dans mon histoire et ses racines comme dans ma géographie personnelle –, comment imprimer encore une direction à ma vie ?

Une gourou me déclara – avec un aplomb que je lui enviai – que les morts ne souffraient pas. Une fois morts, m'expliqua-t-elle, nous flottons au-dessus des choses, nous surplombons dans toute sa complexité l'humaine catastrophe que nous avons quittée. Les formes et les lignes nous apparaissent avec le formidable recul que procure la mort, de sorte que nous saisissons a posteriori le sens de notre vie. Un expert en philosophie du yoga m'indiqua un livre sur le karma. La directrice d'un institut holistique me promit que, quand j'aurais surmonté la souffrance qui m'accablait, je serais libérée. Elle me suggéra de me placer devant le portrait de ceux que j'avais pris pour mes ancêtres et de leur demander un par un : *Qui es-tu pour moi ?*

Juste avant Hanoucca, j'appelai David Ingber, un rabbin devenu collègue et ami. Cela faisait six mois que j'étais en errance. Il m'écouta jusqu'au bout puis me fit remarquer doucement : « Tu as le choix. Tu peux dire : "C'est impossible, c'est terrible." Ou bien : "C'est beau, c'est merveilleux." Tu peux t'imaginer en exil. Ou bien riche de plusieurs patries. »

À la fin de notre conversation, je souhaitai au rabbin un joyeux Hanoucca.

« Joyeux Hanoucca », répondit-il. Avant d'ajouter en riant : « Et joyeux Noël ! »

Dans le registre des belles et merveilleuses possibilités qui s'ouvraient à moi, je laissai un mot à Emily Walden sur sa page Facebook. Elle me répondit par mail dès le lendemain. Sans trop savoir pourquoi, je me sentis tout de suite dans mon élément en correspondant avec elle. Environ une fois par mois, toutes deux – deux femmes d'âge similaire, mariées depuis presque aussi longtemps et mères d'enfants eux aussi quasiment du même âge –, confortablement installées chacune de son côté, le café du matin à portée de main, nous échangions des messages de plus en plus longs.

*J'ai pris cette photo en me baladant ce matin. C'est la vue que j'ai depuis ma fenêtre.*

Nous sommes toutes deux réservées, déterminées, calmes, loyales, sensibles. Toutes deux consciencieuses dans le travail, prêtes à tout pour nos enfants, fidèles en amitié. *J'essaie d'être plus attentionnée en ce moment, de reprendre contact avec les gens qui comptent pour moi. Je suis seule à la maison : c'est rare et j'en profite.* Il se trouve que je venais de faire le test de personnalité Myers-Briggs, d'après lequel je suis INFJ – introversion, intuition, sentiment (*feeling*), jugement –, un profil qui rassemble moins de 1 % de la population. Or, j'avais comme l'impression qu'Emily appartenait elle aussi à cette catégorie. Parmi nos traits de caractère, desquels avions-nous hérité ? Qu'est-ce qui nous avait faites telles que nous étions ?

Emily avait grandi à Portland, entourée de Ben et

de Pilar – un médecin et sa femme immigrée. Elle était l'aînée de trois enfants. Petite, elle allait à la messe tous les dimanches avec ses parents. Quelques photos d'elle : une jolie fillette brune filiforme, une ado à la mine épanouie en colo ou en voyage scolaire. Ben avait raison. Nous nous ressemblions énormément, bien que n'ayant pas le même teint. À l'autre bout du pays, j'avais grandi en fille unique de Paul et Irene – un trader juif pratiquant et une ex-chef de pub devenue une femme au foyer aigrie. Toute ma vie j'avais accompagné mon père à la synagogue le samedi matin. Sur les photos de moi aux mêmes âges : une fillette au grand sourire troué, une lycéenne maladroite en pull ras du cou et pantalon de velours. C'était étrange de mesurer aujourd'hui combien nos univers avaient été différents, sachant quel lien génétique profond, intime nous partagions, nous qui avions le même père.

Tout comme je l'avais fait pour Ben, je me demandais à quelles occasions ma route aurait pu croiser celle d'Emily toutes ces années. Nous aurions tout à fait pu, elle et moi, fréquenter les mêmes personnes ou participer aux mêmes activités. De fil en aiguille, nous découvririons que nous avions suivi l'enseignement du même prof de méditation ou encore qu'Emily avait des amis ayant séjourné à Hedgebrook, une résidence pour femmes auteures dans le Nord-Ouest Pacifique où j'avais animé des master class. Peu de choses nous séparaient. Nous aurions également pu assister aux mêmes lectures-spectacles ou aux mêmes conférences sur la méditation. Nous aurions pu nous croiser à des fêtes ; malgré nos six ans d'écart, nous avions été à l'université en même temps. Des bateaux, des trains, des bus, des avions – *des millions d'âmes* – qui se frôlent sans se douter de rien.

Dans d'autres domaines, en revanche, Emily et moi étions bien le produit de deux univers différents. Ces vidéos YouTube, par exemple, que j'avais visionnées au cours des semaines stressantes où j'attendais de savoir si Ben accepterait de me rencontrer, montraient une grande famille célébrant Noël dans la joie et la bonne humeur. Un samedi matin, je trouvai au réveil un long message d'Emily auquel elle avait joint la photo d'une fiche recette, maculée de taches à force d'avoir servi.

> *Alice Walden (notre grand-mère biologique) était une femme extraordinaire. Elle n'a pas fait d'études parce qu'elle a dû s'occuper de sa mère malade. Mais elle était brillante et s'exprimait très bien : d'après mon père, lire le dictionnaire était un de ses passe-temps favoris. Je t'envoie une recette de son cru.*

L'écriture, d'abord, retint mon attention. Alice Walden. La mère de Ben. La grand-mère d'Emily. *Ma* grand-mère, donc, techniquement parlant. Était-ce mon imagination ou le dessin des lettres d'Alice Walden m'était-il vraiment familier ? Pouvait-il y avoir une part de génétique dans l'évolution de la graphie au fil des générations ? Pourquoi pas... Ensuite seulement, je m'intéressai à la recette elle-même, qui s'intitulait : « Laitue de 24 heures ».

Telles étaient les instructions : placer une tête de laitue coupée en morceaux au fond d'un plat, si possible une jolie cocotte en verre, puis ajouter par couches du céleri, de la ciboulette, des poivrons, et des châtaignes d'eau. Couvrir d'une bonne dose de mayonnaise. Saupoudrer de sucre et de fromage râpé, arroser de sauce vinaigrette et placer au frigo pendant vingt-quatre heures. Ajouter des morceaux de bacon juste avant de servir.

Si j'avais dû inventer la recette la plus typiquement *goy* qu'on puisse imaginer, je n'aurais pas trouvé mieux. Le fromage râpé mêlé au bacon – l'association en général des produits laitiers et de la viande, le bacon ne faisant pas exception – était on ne peut plus *treyf*, comme on disait en yiddish quand j'étais petite. Sans parler de l'idée même d'une casserole de salade qui passe la nuit au frigo. Pendant que les Walden dégustaient la laitue de 24 heures de leur grand-mère, chez nous on mangeait du bouillon de poulet aux boulettes de *matzah*, des *kreplekh* fourrées à la viande et de la carpe farcie nappée d'une sauce au raifort rouge vif.

Les cantiques d'Emily. Mes prières de shabbat. Son sapin, ses guirlandes et ses chants de Noël. La menorah en argent de ma famille – que j'utilise encore aujourd'hui –, dont les sept flammes dansaient au bord de la fenêtre, chez nous, pour Hanoucca. Le monde vaste, joyeux, peuplé dans lequel elle a grandi. Le monde étriqué, chaotique, solitaire que j'ai fui. Son père – notre père, qui pourtant à bien des égards n'est pas mon père –, avec ses joues roses, ses attentions, sa gentillesse. Mon père – celui que j'entendrai jusqu'à la fin de mes jours chanter le *Birkat Hamazon* à la fin du repas. Il me suffit de fermer les yeux, là, tout de suite, pour le faire resurgir. *Shir hama'aloth beshouv Adonaï, et shivath Tzion, hayinou kekholmim. Az yimalei sekhok pinou, ouleshoneinu rinah.* Sa voix est discordante, plaintive, implorante, et lorsque nos regards se croisent par-dessus la table, il me sourit et me caresse la main. *Cantique des degrés. Quand l'Éternel ramena les captifs de Sion, nous étions comme des rêveurs. Alors notre bouche s'emplit de cris de joie et notre langue de chants d'allégresse.*

Emily et moi avons poursuivi notre lent dialogue à longue distance, de plus en plus prodigues de détails sur nos vies. Nos fils s'apprêtaient tous deux à entrer à l'université. Tous deux faisaient de la musique et étaient particulièrement doués en maths. Ils avaient participé à des manifestations contre la récente élection présidentielle, qui nous avait l'une comme l'autre anéanties. Je trouvai en Emily une oreille extrêmement compatissante au fur et à mesure que je me livrai, tandis qu'elle-même abandonnait sa retenue initiale. Nous envisageâmes de nous voir à la fin du printemps, quand je passerais à Portland dans le cadre de la promotion de mon livre. Elle disait ressentir à mon égard de l'*espoir* et de la *curiosité*. C'était réciproque.

Un après-midi, je trouvai dans un de ses e-mails une citation de Pema Chödrön, auteure et enseignante bouddhiste pour laquelle j'avais moi-même beaucoup d'admiration. « Être pleinement vivant, pleinement humain et totalement éveillé, c'est être en permanence jeté hors du nid. Vivre pleinement, c'est être toujours dans le no man's land. »

Depuis le mois de juin, pas un jour ne s'était écoulé sans que j'aie l'impression de vivre dans un no man's land, exilée, en errance perpétuelle. Mais en vérité, cela n'était pas nouveau. L'idée d'une terre ferme, à soi, n'était rien d'autre qu'une illusion – pas seulement pour moi mais pour nous tous. Ces mots : *totalement éveillé, vivre pleinement*, offerts par la demi-sœur dont j'ignorais tout jusqu'alors. Toute ma vie, je m'étais efforcée d'atteindre cet état d'éveil, mais une partie de moi s'entêtait à dormir. *Nous étions comme des rêveurs.* Désormais, c'en était fini du sommeil. *Tu seras libérée.*

# 44

Tout en poursuivant ma correspondance avec Ben et Emily, je m'efforçais de mon côté d'assouplir mon besoin de certitude. Celle-ci n'était plus un but en soi : toute ma vie j'avais été sûre de moi et pourtant dans l'erreur. J'essayais plutôt d'aborder les vagues qui se présentaient à la façon d'un surfeur : avec agilité, équilibre, concentration, et advienne que pourra. Pendant les vacances, j'avais fait des fournées de biscuits de Noël. Pourquoi des biscuits de Noël ? C'était avant tout une plaisanterie, mais aussi une sorte de permission que je m'accordais. *Joyeux Noël*, m'avait dit David Ingber. J'adorais les biscuits de Noël. Pourquoi ne pas en faire ? Je saupoudrai de rouge et de vert mes bonshommes en pain d'épice et mes couronnes de sablés, avant de les laisser refroidir et de les mettre dans un bocal sur le comptoir de la cuisine. Chaque soir, nous allumions les bougies de Hanoucca ; Jacob et moi récitions les *berakhot*. Génétiquement parlant, j'étais mi-juive ashkénaze, mi-presbytérienne anglo-saxonne. Mes ancêtres, disséminés aux quatre coins du monde. On pouvait trouver cela perturbant… ou libératoire. À moi de choisir !

Je m'étais renseignée sur la maladie oculaire rare dont Ben m'avait parlé – la seule donnée médicale qu'il ait jugé important de me signaler. Je pris rendez-vous chez l'ophtalmo et un test confirma que je présentais des signes précoces de la maladie. Le mal était susceptible de m'affecter dans des années, affaiblissant ma vision diurne et me privant complètement de ma vision nocturne. Dans le pire des cas, cela nécessiterait une greffe de cornée, mais ce n'était pas pour tout de suite. J'appris que, sous une forme récessive, la maladie était présente dès le stade embryonnaire et dans tous les cas avant la naissance. Je n'étais pas la fille de mon père. Les yeux par lesquels je voyais le monde depuis mon tout premier jour, je les avais hérités de Ben Walden.

*À : Dani Shapiro*
*De : Ben Walden*
*Objet : Merci*

*Bonjour Dani,*
*Un grand merci pour le poème de W.S. Merwin. Je compte le citer sur mon blog. Sa façon d'évoquer la vieillesse et la mémoire comme des cadeaux est vraiment poignante. L'autre jour, je rendais visite à deux personnes dans une maison de retraite et j'ai discuté avec un type mal en point, qui avait récemment chuté de son lit. J'ai*

*pris le temps de m'asseoir et de l'écouter, et il m'a raconté sa carrière de tromboniste : il avait joué avec les plus grands ! C'était formidable de le voir s'enflammer au fur et à mesure que les souvenirs lui revenaient.*
*Pilar t'embrasse chaleureusement, ainsi que Michael et Jacob.*
*Tendrement, Ben*

Voilà ce que nous faisions maintenant, Ben et moi : nous échangions des citations. Quand je tombais sur un truc susceptible de lui plaire, je notais mentalement de lui en parler. Un article sur le thème de la foi trouvé sur un site australien ; une référence aux « Visites aux hôpitaux » de Walt Whitman sur un blog littéraire ; un poème envoûtant transmis par un ami. Lorsque j'évoquai l'un de mes romans préférés, *En lieu sûr* de Wallace Stegner, il me répondit que lui aussi adorait ce livre et qu'il venait justement de le relire. Nous aimions tous les deux cet ouvrage : était-ce une coïncidence ? Nos goûts littéraires étaient étonnamment similaires. Que nos esprits soient si proches me réconfortait, mais m'inspirait aussi, en même temps, un sentiment de gâchis. Michael comparait ce partage à une version adulte des compilations musicales que s'échangeaient les jeunes. Une façon pour un père biologique et sa fille jusqu'alors ignorants l'un de l'autre de se dire : voilà qui je suis. *Thoughtus.*

Tandis que Ben et moi approfondissions notre

lien – autour de chez moi, les champs tapissés de givre ; sur les lacs gelés, quelques pêcheurs sur glace en ombres chinoises –, mon père reparut ponctuellement. Il surgit dans mon univers intérieur comme s'il avait attendu patiemment que je sois prête à l'accueillir. Parfois, je levais les yeux d'un livre que j'étais en train de lire et je le voyais devant moi, dans son éternel gilet à torsades, une kippa sur la tête.

En hébreu, on utilise pour désigner l'âme le mot *neshama*. Souvent traduit par « vent » ou « souffle ». Cherche-t-on à le saisir qu'il s'échappe aussitôt. De nouveau, je sentais la présence de mon père, ces frissons caractéristiques dans tout mon corps. Manifestement, il voulait me signifier qu'il était là. Il me regardait avec la bienveillance distante du fantôme qu'il était devenu. D'un unique et lent signe de tête, il disait toute sa peine de ne pouvoir revenir pour m'aider – de me voir traverser seule cette passe périlleuse.

J'exhumai des notes que j'avais prises quelques années plus tôt, au cours d'une consultation téléphonique avec un médium. Je n'avais jamais vraiment cru aux médiums ni aux voyants et je ne me souviens pas d'avoir eu à l'époque un besoin absolu d'entrer en contact avec les morts. Simplement, mon agent littéraire m'avait incitée à prendre ce rendez-vous et j'ai tendance à suivre ses conseils. Je feuilletai donc les pages cornées de mon cahier, telle une relique d'une autre ère. Le médium et moi avions parlé de mes parents, mais tout cela c'était « avant ». Avant que je sache la vérité – sur eux, sur moi. J'étais sur le point de réarchiver mes notes quand je tombai enfin sur le passage où il était question de mon père. *Il vous demande pardon de ne pas avoir dit la vérité pendant votre enfance. Beaucoup de non-dits. Il est sûr qu'un jour vous comprendrez pourquoi il a dû emprunter ce chemin tout seul.*

À l'époque, ces mots n'avaient rencontré aucun écho en moi. J'étais de toute façon sceptique depuis le début. Mais là, ils me sautaient aux yeux. C'était limpide : oui, il y avait eu beaucoup de non-dits. La vérité avait été tue. Il avait avancé en solitaire, à l'écart. À présent, les excuses de mon père écrites de ma main, sous la dictée du médium – prenaient une résonance toute neuve. Il avait tenté de me dire quelque chose. Comme s'il avait su ce qui m'attendait.

Je regardai un documentaire du réalisateur canadien Barry Stevens, qui, jeune homme, avait découvert qu'il était issu d'un don de gamètes et s'était mis en quête de son père biologique à la cinquantaine. Stevens entrecoupait le récit de sa quête d'images de son enfance, notamment de vacances en Californie avec ses parents – sa mère et son père social. À un moment, on voit un homme, à la sortie d'un domaine viticole, qui traîne le pas plusieurs mètres derrière sa famille. Il a la tête légèrement penchée, les mains dans le dos. Il a l'air presque soumis, comme persuadé qu'il ne mérite pas de marcher à côté des siens. Cette image m'évoqua mon père, sa tendance permanente à se déprécier. Le dégoût de ma mère, son ton condescendant quand elle lui parlait ou parlait de lui, son mépris total et manifeste. Cela aussi, j'avais toujours cru le comprendre – et j'avais trouvé des anecdotes, des arguments pour confirmer mes croyances –, mais à présent son retrait du monde m'apparaissait, au moins en partie, comme le prix qu'il paya pour devenir mon père.

Toute ma vie d'adulte, j'ai cherché à le rendre fier de moi. Depuis sa mort, il n'y a pas un jour où je n'ai pensé à lui ou dialogué mentalement avec lui. Le chagrin déchirant que m'avait causé notre absence de lien biologique et son revers tout aussi douloureux – l'idée qu'il avait, au fond de lui, toujours su la vérité – s'atténuaient peu à peu. Via le médium, il m'avait demandé pardon pour avoir gardé secrètes tant de choses. Mais comment aurait-il pu les révéler ? Alors que docteurs et spécialistes affirmaient de concert que le silence était préférable pour toute la famille ? J'entendais encore Shirley me dire : *Sachant ce que tu sais, tu es encore plus la fille de Paul que tu ne l'imagines.* J'avais beau avoir été faite de l'étoffe de Ben Walden, j'étais et serais toujours la fille de Paul Shapiro. Les mots de Haskel Lookstein rejoignaient ceux de Shirley dans ma tête : *Kol hakavod. C'est tout à son honneur.* Sans lui, je ne serais pas née. Ce qui nous reliait, lui et moi, relevait de la *neshama* : cela n'avait rien à voir avec la biologie, mais tout à voir avec l'amour.

# 45

Lors d'un congrès à Miami cet hiver-là, j'ai assisté à une conférence du journaliste Luke Dittrich, qui venait de publier un livre sur son grand-père. Ce dernier n'était autre que le célèbre chirurgien qui, en lobotomisant un patient gravement épileptique, provoqua malencontreusement chez lui une amnésie totale et irréversible. Sous le nom de Patient H.M., l'homme fut pendant soixante ans le sujet le plus étudié de l'histoire des neurosciences. Le grand-père de Dittrich avait pratiqué des milliers de lobotomies au cours des années 1940 et 1950, où cet acte de psychochirurgie était considéré comme le dernier recours pour guérir certaines lésions cérébrales ou maladies mentales.

Aujourd'hui, évidemment, l'idée d'enfoncer à coups de maillet un objet pointu dans l'œil d'un patient afin de sectionner une partie de son lobe préfrontal est jugée barbare et démente. Mais à l'époque, rien qu'aux États-Unis, quarante mille personnes subirent une lobotomie. Les chirurgiens pratiquant l'opération étaient persuadés d'œuvrer pour le bien de l'humanité. L'un des inventeurs de la technique reçut même le prix Nobel ; toutefois, d'aucuns militent aujourd'hui pour le retrait de la récompense, arguant d'une énorme erreur de jugement quant à cette « innovation ».

Si j'assistai à cette conférence, ce n'est pas seulement parce que je m'intéressais depuis longtemps à l'histoire des neurosciences, mais aussi parce que le sous-titre du livre – *Patient H.M. : une histoire de mémoire, de folie et de secrets de famille* – avait attiré mon attention. Les secrets de famille de Dittrich étaient certes très différents des miens, mais nous avions en commun d'avoir dû observer un contexte à distance, comme au téléobjectif. Dans les années 1940, la lobotomie était une pratique relativement courante. On persuadait les gens – les patients, leurs familles – que l'opération leur ferait du bien. Parfois même elle était prescrite, comme un traitement. Et il était impensable de remettre en cause la parole des médecins – comme, toutes proportions gardées, dans le domaine de l'insémination avec donneur au début des années 1960. Les avantages eugéniques de cette méthode étaient vantés sans complexe ni scrupule aucun. Les enfants ainsi conçus étaient censés démarrer dans la vie avec d'énormes atouts, étant génétiquement issus de scientifiques, de gens irréprochables moralement, à l'histoire familiale exemplaire. Les enfants n'apprenaient jamais la vérité sur leurs origines et les pères sociaux pouvaient croire à leur aise ce qui les arrangeait.

Mais la vérité était plus sombre et plus compliquée. Certains médecins inséminaient les patientes avec leur propre sperme ou celui du premier venu. Et comme en général les cliniques et les hôpitaux ne limitaient pas le nombre de dons faits par un même homme, une même zone géographique concentrait parfois un nombre incroyable de demi-frères et demi-sœurs. Un ami écrivain m'a raconté cette anecdote : il avait lui-même été donneur une vingtaine d'années plus tôt, alors qu'il était SDF, vivait dans sa voiture, sortait de désintox et avait grandi en foyer d'accueil. « Je m'étais inventé un faux profil », m'expliqua-t-il. « Diplômé de Harvard, titulaire dans l'équipe de tennis de la fac. J'avais beaucoup de succès. »

« Le "consentement éclairé" du patient n'existait pas à l'époque », expliquait Dittrich à son auditoire. Mes parents avaient-ils signé des documents ? Les registres avaient-ils été conservés ou détruits immédiatement ? J'avais tenté à plusieurs reprises de contacter les trois enfants d'Edmond et Augusta Farris – qui avaient à présent dans les 70 ans –, mais ils ne m'avaient jamais répondu. Leur fils, également prénommé Edmond, avait été chanteur sur des bateaux de croisière. Je savais qu'il avait bien reçu mon e-mail, car il me l'avait renvoyé par erreur, pensant manifestement le faire suivre à sa sœur : *Sue, qu'en penses-tu ?*

La honte, la honte, la honte : le présent jetait sur le passé son voile de colère et de jugement. Comment ne pas s'étonner qu'on ait pu à l'époque croire ces pratiques inoffensives ? Je me demandais ce que les enfants Farris pensaient aujourd'hui de ce qu'avaient fait leurs parents : de leur exercice illégal de la médecine, de leur institut hors la loi. Que savaient-ils, au juste ? En étaient-ils fiers ? Gênés ? Étaient-ils navrés que leur père soit tombé dans l'oubli ? À moins qu'il y ait eu des incidents, des erreurs – des histoires qui avaient mal tourné, encore plus mal que la mienne…

« Je ne voudrais pas tomber dans le présentisme », se défendait l'auteur. Présentisme : introduction anachronique d'idées et de points de vue contemporains dans la description et l'interprétation du passé. Rien de plus facile que de céder à ce travers. C'est d'ailleurs ce que j'avais fait après la découverte de ma véritable identité. Au cours des premiers mois, je m'étais d'abord refusée à croire que mes parents avaient pu participer à une telle tromperie en connaissance de cause, puis, dans un second temps, j'avais nourri un mélange de colère et de chagrin à l'encontre de leurs choix – même si je leur devais l'existence. Longtemps, j'étais restée incapable de me mettre à leur place autrement qu'en restant moi-même, soit un produit de la fin du XX^e^ et du début du XXI^e^ siècle, avec tous les outils biologiques, génétiques, historiques et psychologiques à sa disposition.

Puis je pris conscience que mes futurs parents ne possédaient aucun de ces outils quand ils étaient jeunes. Ils n'avaient eu que leur peur, leur honte, leur désespoir et leur désir d'avoir un enfant à tout prix. Alors, main dans la main, ils s'étaient enfoncés dans la jungle, leur seule issue. Et l'avaient traversée, sans retour possible.

Puis ils avaient fait comme si rien ne s'était passé. Ils n'en avaient jamais reparlé – ni entre eux, ni à leur famille, ni à leurs amis. Ma mère – cette fois-ci bien enceinte – était retournée chez son obstétricien au cabinet tapissé de portraits de stars. Plus je pesais lourd dans son ventre, plus croissait aussi en elle la certitude que j'étais l'enfant de mon père. Comment aurait-il pu en être autrement ? Ma mère avait toujours eu une capacité remarquable à plier la réalité à ses désirs. Quant à l'obstétricien, il n'avait probablement rien su – ou préféré ne rien savoir – des visites de mes parents à l'institut Farris.

Extrait de *L'Insémination artificielle* de Finegold (1964) : « En cas d'insémination artificielle, l'enfant n'est pas informé. » C'est certainement ce que j'avais lu de plus blessant, avec ce ton clinique et suffisant. Finegold ratissait large et couvrait des sujets aussi divers que l'insémination et l'opinion publique, l'insémination et la religion, l'insémination et la loi. Quelle que soit la situation, il prônait l'anonymat. Selon le médecin, un moyen de traiter la question juridique de la paternité était d'adresser les femmes récemment inséminées à des obstétriciens extérieurs ignorant l'« imprégnation artificielle » qu'elles avaient subie.

*Pour éviter que le tribunal puisse établir qu'un donneur est le père de l'enfant, certains gynécologues mélangent le sperme du père à celui du donneur. D'autres comptent sur la confidentialité requise dans le cadre de l'insémination artificielle pour décourager tout procès. De nombreux médecins adressent leurs patientes enceintes à un obstétricien qui n'est pas informé de l'insémination et du don de sperme. Si ce dernier sait, en effet, que le mari n'est pas le père du nouveau-né, il ne pourra, sans tomber dans le mensonge et l'illégalité, déclarer le mari comme père sur l'acte de naissance… Un auteur réputé et respecté, expert en infertilité, défend ainsi l'idée qu'un « pieux mensonge » est un acte bienveillant, humain : « C'est une infraction au même titre que brûler des feuilles mortes dans la rue pour éviter qu'elles s'envolent dans le jardin du voisin. C'est le genre de délit dans lequel le bien qui en résulte neutralise complètement l'infraction à la loi. »*

Le jour où je suis née, le nom de mon père fut inscrit sur mon acte de naissance. *Ma très chérie.* Désormais, il était mon père sans conteste. *Ce fut long. Ce fut difficile.* Son nom était sur le document d'identité par excellence. *Un pieux mensonge, un acte bienveillant, humain*, aussi anodin que brûler des feuilles mortes dans la rue.

## 46

Le rasoir d'Occam, du nom d'un célèbre logicien du XIV^e siècle, est un principe auquel on se réfère souvent en physique théorique, selon lequel « les entités ne doivent pas être multipliées inutilement ». Isaac Newton, l'auteur des *Principia mathematica*, le reformula ainsi : « Nous ne devons pas reconnaître aux phénomènes naturels plus de causes que ce qui est à la fois vrai et suffisant pour en expliquer l'apparence. »

Michael m'avait renvoyée au rasoir d'Occam dès que j'avais commencé à me torturer l'esprit pour déterminer ce que mes parents avaient su ou non. En science, un corollaire répandu du principe d'Occam veut que « quand on a deux théories concurrentes pour décrire un même phénomène, la plus simple est la meilleure ». Dans un premier temps, je rejetai en bloc cette idée – par réflexe, pour me protéger. Dans ma découverte, il n'y avait rien de simple, et pendant un temps j'ai préféré me retrancher derrière des histoires byzantines de tromperie, de dissimulation et de complot, qui répondaient mieux au choc que je venais de vivre.

Mais en fin de compte, la méthode scientifique m'aida grandement à trouver un apaisement, une sorte d'histoire – moi qui étais devenue si méfiante envers les histoires – fondée sur le plus probable. L'explication la plus simple du pèlerinage de mes parents à l'institut Farris était la pratique dont Farris s'était fait une spécialité, à savoir son recours à des donneurs de sperme. Un point c'est tout. Traitements, stimulants et autres euphémismes mis à part, c'est bien de cela qu'il s'agissait. Dès lors, où que mes parents se soient trouvés sur ma fameuse échelle lucidité *vs* déni, ils avaient su. D'un savoir profond. Un savoir enfoui. Assorti, à mon avis, dans le cas de ma mère, d'une grave dissociation quant à mon identité et mes origines véritables.

Même si le plus douloureux, dans cette révélation, concernait mon rapport à mon père – dont je comprenais mieux la dépression, la souffrance physique et psychique, la déchéance –, ma mère était évidemment au cœur de l'affaire. Je m'étais bien plus préoccupée des implications de tout cela pour mon père, mais c'est ma mère qui en avait été l'instigatrice. Elle était active. Lui était passif, tout à sa mélancolie. Elle était du genre à ne pas supporter de s'entendre dire non. Lui, c'est comme si toute sa vie, depuis sa naissance, on lui avait crié non à la figure. C'est certainement ma mère qui avait fait des recherches et trouvé Edmond Farris, ce médecin véreux et ambitieux. C'est elle qui avait dû prendre le rendez-vous. Et s'il avait fallu convaincre – si tant est qu'ils aient eu une discussion approfondie, franche, *consciente* –, c'est ma mère encore qui avait dû s'en charger.

Mais ensuite je suis née et, quelles qu'aient pu être en moi les traces de la méthode peu orthodoxe dont j'étais issue, elles s'évanouirent dans l'éther de la pensée magique. Si l'on n'y pensait pas, cela n'existait pas. Si l'on n'en parlait pas, cela n'avait jamais eu lieu. Sauf que les secrets, surtout les mieux camouflés, ont tendance à déborder sur tout ce qui les entoure. Une expression de la psychanalyse, «l'impensé connu», me servit de lanterne dans l'exploration de mon histoire familiale, que je menais à tâtons. D'après Christopher Bollas, l'auteur de ce concept, «il y a en chacun de nous une distinction fondamentale entre ce que nous pensons savoir et ce que nous savons sans jamais être en mesure de le penser».

«Je t'ai donné la vie!» me criait ma mère quand elle était furieuse contre moi, quand je ne me pliais pas à ses désirs ou à ses volontés. «Je t'ai donné la vie!» J'ai toujours trouvé cela plutôt comique, mais aussi troublant, que ma mère ressente le besoin de rappeler ce fait évident pour un parent. Une fois adulte, j'étais tenue de l'appeler chaque année à mon anniversaire – je n'avais jamais pris conscience que normalement, ç'aurait dû être l'inverse – pour la remercier de m'avoir faite. Les voilà, les fumées toxiques filtrant sous la porte close qui recelait la vérité…

Elle m'avait appelée Daneile. Pas Danielle. Pas un nom banal comme Lisa ou Wendy – ou encore

Susie, tiens ! –, quelque chose de simple et de facile à prononcer. Pas un nom biblique comme Sarah ou Rebecca. Pas non plus un nom fréquent dans la famille, dont certains auraient parfaitement convenu : Anna, Beatrice. Dans *Moses : A Human Life*, la spécialiste de la Bible Avivah Gottlieb Zornberg écrit que « très souvent, nommer un enfant est une occasion de réfléchir sur soi ». Qu'avait fait ma mère de cette occasion de nommer son enfant, déjà née dans des circonstances si particulières ? Fière de son originalité, de sa créativité, elle m'avait dotée d'un nom totalement inédit. Il y a quelque temps, j'ai tapé mon prénom sur Names.org pour essayer d'en savoir plus sur son origine.

> *Parmi 5 743 017 personnes officiellement enregistrées par l'administration américaine, le prénom Daneile n'est pas répertorié. Vous êtes la seule à porter ce nom aux États-Unis. Depuis 136 ans, seuls vos parents ont eu l'idée d'employer ce nom. Bravo ! Vous êtes unique.*

Autre citation percutante du psychanalyste Christopher Bollas : « Nous apprenons la grammaire de notre être avant d'apprendre les règles du langage. » Il parle ici de la petite enfance, bien sûr, et des fondements de notre psychisme. La grammaire de mon être – le mortier où viendraient ensuite se greffer les mots – fut forgée par une mère qui rejeta si violemment la vérité à mon sujet qu'il ne resta plus qu'un gouffre, une terre aussi dévastée qu'après le passage d'un séisme. Ses yeux tremblants, son sourire factice, braqués sur moi. Affirmant, dès la première minute, que j'étais différente, spéciale, autre, et surtout, que j'étais sienne.

*Daneile.* Prononcer *Da-neel.* Ce nom attirait l'attention sur lui – il appelait une explication. Il arrêtait les gens. Je devais l'épeler pour les documents officiels ou quand je réservais des billets d'avion et, malgré cela, le plus souvent, les billets arrivaient au nom de Danielle, Danelle, Danyelle, Daniele. À l'aéroport, je me faisais contrôler quand un agent de sécurité relevait l'erreur. Toute ma vie, en plus de s'étonner de ma judéité, on m'avait demandé si Dani était mon vrai nom. Oui, répondais-je, pour éviter de longues explications. Parfois, j'ajoutais que je ne m'étais jamais perçue moi-même comme Daneile, pas même une fois, pas même enfant. Jamais je n'avais répondu à ce prénom. Mais était-ce vrai ? J'avais beau faire, je ne pouvais interroger l'enfant que j'avais été sur ce qu'elle comprenait d'elle-même à l'époque, dans la grammaire de son être, avant l'acquisition des règles du langage.

## 47

Un après-midi, assise dans mon bureau, je levai les yeux sur le portrait de ma grand-mère suspendu au-dessus du divan – celui-là même où Michael et moi étions installés ce fameux premier soir, sous le choc, sidérés par le mystère de mes origines paternelles. *Qui es-tu pour moi ?* demandai-je à la femme du portrait. Elle ne semblait pas disposée à répondre. Alors, tendant le bras, je retirai le lourd cadre de son crochet. Je le remplaçai par une œuvre de l'artiste Debbie Millman : la reproduction grand format d'un bloc-notes où était écrit de sa main, en haut à droite : *This, just this, I am comfortable not knowing* (Ça, juste ça : ça ne me gêne pas de ne pas savoir). J'ai rangé ma grand-mère dans un coin, je m'en occuperais plus tard. Je songeai à la « capacité négative » selon John Keats, cette aptitude à « rester dans l'incertitude, le mystère, le doute, sans vouloir à tout prix se raccrocher au concret et au rationnel ». Tel était le chemin vers la liberté et, paradoxalement, la connaissance de soi. Si j'accepte de ne pas savoir complètement qui je suis ni d'où je viens, alors seulement le corset enserrant mon identité pourra s'assouplir, s'ouvrir, laisser place aux possibles.

Peu à peu, je mesurais combien adhérer à un seul récit, à une histoire unique était dangereux. Le risque n'était pas seulement de se tromper. Mais aussi de produire une sorte de calcification, de rétrécissement, de perversion de la réalité susceptible de rigidifier et de figer l'esprit. Quand le rabbin Lookstein m'avait demandé ce que j'avais besoin d'entendre, quels mots pourraient m'apaiser, mon sentiment était que je ne pourrais vivre sans savoir ce qu'il s'était réellement passé. C'est que je n'avais pas encore saisi le fond du message de Shirley selon lequel je n'étais pas un accident de l'histoire. Ou plutôt : soit tout le monde est un accident de l'histoire, soit personne ne l'est. Un spermatozoïde, un ovule, un instant précis. Qu'il y ait la moindre interruption – un téléphone qui sonne, un coup frappé à la porte, une lampe torche pointée sur la voiture – une seconde de décalage, et il en résulte un être humain totalement différent. Dans mon cas, c'était juste un peu plus compliqué, l'accident impliquant des ampoules, des seringues, des contrats et des secrets.

Quelques heures après la naissance de Jacob, ma mère était venue me voir à l'hôpital du Mont-Sinaï, à New York – à l'endroit même où elle m'avait mise au monde trente-sept ans plus tôt et où mon acte de naissance avait été signé. Jacob était lové dans mes bras, emmailloté dans une couverture. Ma mère s'était penchée sur lui, l'avait examiné derrière son masque d'impassibilité, avant de déclarer : « C'est vraiment un Shapiro. Il a le front Shapiro. Et le menton Shapiro. »

Se livrait-elle à une manipulation perverse, tels ces illusionnistes soi-disant capables de tordre une cuillère par la pensée ? Avait-elle songé, en prononçant ces mots, à son propre accouchement, dans ce même hôpital, d'un bébé dont le père était un parfait inconnu ? Je ne crois pas. Je crois que, quand ma mère a posé les yeux pour la première fois sur son unique petit-fils, elle a sincèrement pensé qu'il était aussi l'unique petit-fils de mon père.

Et quand Jacob, encore bébé, a eu cette terrible maladie, un trouble épileptique rare, méconnu et mal compris – possiblement héréditaire –, je suis persuadée que ma mère ne dormait plus de la nuit, se demandant si l'heure était venue de me révéler la vérité sur mon père. Mais après tout, si le mal qui rongeait Jacob était héréditaire, qu'aurions-nous fait de plus ? Il n'y avait pas d'archives. Pas encore de tests ADN bon marché. Pas de miettes de pain pour remonter la piste. J'assurai les médecins qu'il n'y avait aucun antécédent d'épilepsie dans la famille. Des choix furent faits, des hypothèses avancées, toutes sur la base d'informations erronées.

Cela a dû être terrible pour ma mère de me cacher la vérité alors que Jacob était malade – peut-être ne se l'est-elle jamais pardonné. Même si cet aveu n'aurait fait qu'ajouter à ma frustration et à mon impuissance, c'était mon droit de savoir, en tant que mère d'un enfant atteint d'une maladie mortelle. Cela dit, je n'en aurai jamais la certitude mais je ne crois pas, au fond, que les choses se soient passées ainsi. La version de l'histoire à laquelle ma mère se cramponnait comme à une bouée de sauvetage était effectivement son moyen à elle de s'en sortir dans la vie – qui la transforma, au passage, en une créature malheureuse, isolée, une femme qui respirait la rage. Aussi, quand les coutures minutieuses de son récit bien rodé se défaisaient l'espace d'un instant – *ma fille a été conçue à Philadelphie* –, s'empressait-elle de les raccommoder.

Au cours de l'année où Jacob fut malade, alors même que Michael et moi le soignions jour et nuit et guettions, dès son réveil, le moindre signe, le moindre geste annonciateur d'une crise, ma mère se montra de plus en plus furieuse contre nous. Bien que nous fassions tout pour sauver la vie de notre enfant, elle nous reprochait de ne pas prendre soin de lui correctement. Un soir d'hiver, elle me hurla dessus parce que je ne lui avais pas couvert la tête le temps de le porter de l'entrée de son immeuble à la voiture bien chauffée qui nous attendait dehors. La couture était en train de craquer.

*

La boîte pleine de documents ayant appartenu à ma mère, que nous avions trouvée au garage – et où j'avais déniché la carte de fleuriste écrite par mon père –, livrait peu à peu ses secrets. Comme dans mes recherches sur l'histoire de l'insémination avec donneur, j'avais une capacité d'absorption limitée et devais faire des pauses fréquentes. Il me fallut des mois pour tout examiner : des enveloppes cachetées renfermant, sous l'étiquette « Boucles d'or de Dani », mes cheveux de bébé, d'autres petites enveloppes contenant mes dents de lait. Des montagnes de dessins et de peintures au doigt, œuvres d'une petite fille qui représentait sa mère en monstre aux dents pointues et elle-même en petite tache informe. Et quand par hasard il y avait un père, c'était une vague silhouette bâton dans un coin. Ma mère avait gardé une lettre que je lui avais écrite alors que je devais être en milieu de primaire et que j'avais eu, apparemment, une mauvaise note à une interro de maths. Je lui promettais que ça n'arriverait plus et je lui demandais pardon. Mais c'est la signature qui me troubla le plus : *Ta Daneile tellement désolée.*

La vérité volait en éclats autour de moi. J'étais certaine de ne m'être jamais considérée comme Daneile, de ne jamais avoir répondu à ce prénom. Et pourtant il était là, écrit noir sur blanc, de mon écriture fleurie de petite fille. Je savais que je ne m'étais jamais sentie à l'aise avec ma mère. Mais j'ignorais à quel point je la craignais. *Ta Daneile tellement désolée.* Les histoires filaient comme de l'eau entre mes doigts. Il y avait une lettre écrite par ma mère au directeur d'un camp de vacances où j'étais allée quand j'avais 12 ans :

> *Daneile ne doit pas garder les cheveux mouillés. Je lui ai mis un peigne chauffant dans ses affaires et elle doit se sécher les cheveux en sortant de l'eau. Je tiens absolument à éviter qu'elle s'enrhume. Elle croit qu'elle sait bien plonger mais elle se cambre trop. Il faut bien la surveiller. Elle est allergique aux piqûres d'insectes : elle fait des boutons qui enflent et grossissent rapidement. Dans ce cas, il faut d'abord lui mettre une compresse d'ammoniaque. Puis elle peut prendre du Benadryl comme indiqué sur l'ordonnance de son pédiatre.*

La lettre se poursuivait sur deux pages dactylographiées, en interligne simple, bourrées de puces et de passages soulignés. Parmi tout ce que contenait la boîte, c'est le document que je trouvai le plus insupportable à lire. Ma mère m'y présentait comme un objet – précieux, délicat, fait d'un autre bois que ses camarades de colo. Qu'est-ce que le directeur avait dû penser de cette enfant qu'on lui confiait, si fragile, exigeant tant de précautions ? J'étais malade rien que d'y songer.

Tandis que j'approchais du fond de la boîte, je tombai sur une lettre que ma mère m'avait écrite seulement quelques mois avant sa mort, d'un cancer du poumon. Elle s'inquiétait de voir Jacob, 3 ans, se frotter la tête et craignait qu'il fasse plus tard des migraines – un mal héréditaire.

> *Juste au cas où, parce que ton père faisait des sortes de migraines... et que, comme je te l'ai dit, j'ai remarqué que Jacob se frotte parfois la tête après avoir regardé sa petite télévision...*

J'ai relu la phrase des dizaines de fois. C'était plus stupéfiant encore que la visite de ma mère à la maternité. Là, elle n'imaginait plus seulement une ressemblance physique, mais carrément une maladie génétique, quelque chose qui se transmet. La manœuvre était transparente : elle apposait sur le monde réel son monde fantasmé.

La lettre semblait se conclure par une envolée sentimentale – fait rare chez ma mère –, toute en majuscules : MERCI DE M'AVOIR RENDUE MAMAN ET GRAND-MÈRE. Elle était en train de mourir. Elle avait presque 80 ans et moi presque 40. Toute ma vie, elle avait exigé mes remerciements et à présent, à sa façon, elle tentait elle aussi de me remercier.

Mais au dernier moment, ma mère avait ajouté un ultime paragraphe. C'était encore un point de la couture qui sautait. Elle évoquait une grande enveloppe kraft remplie de cartes et de lettres de félicitations que mes parents avaient reçues à l'occasion de ma naissance ; et plus particulièrement une carte rose au design sophistiqué, qui se dépliait en accordéon. Sur le premier volet, il y avait un couple – un mari et sa femme – avec une cigogne et un bébé tout neuf. La dernière page de la carte était noircie d'une écriture appliquée, une écriture inconnue félicitant ma mère pour la naissance d'une magnifique demoiselle, et réclamant une photo pour les filles, au bureau.

Elle n'avait pas pu s'en empêcher. Les derniers mots de ce qui devait être l'ultime lettre que m'adressa ma mère – sa flèche du Parthe – étaient écrits tout en minuscules et entre parenthèses, comme niés à peine formulés :

> *(au fait, ce mot de mme farris. je l'avais complètement oublié. son mari, le dr farris, est l'homme sans lequel tu ne serais sans doute pas là.)*

# 48

Nous étions tous trois – Michael, notre avocat et moi – assis sur un banc devant le bureau du juge dans un palais de justice quelconque d'une petite ville du Connecticut. Le long couloir lambrissé et moquetté était vide et silencieux. Quand la grosse horloge au mur indiqua que l'heure du rendez-vous était passée de quelques minutes, une dame vint nous prévenir que le juge avait du retard. Mon avocat posa mon dossier sur ses genoux et nous patientâmes sous les néons. Nous avions apporté toutes les pièces requises, et j'espérais qu'elles seraient validées : acte de naissance, carte de sécurité sociale, permis de conduire et requête officielle adressée à la Cour.

Par réflexe, je touchai mon épaule gauche. C'était encore un peu douloureux. Deux semaines plus tôt et à quatre mille huit cents kilomètres de là, à Los Angeles, j'étais étendue sur une table en métal dans le studio baigné de soleil d'un artiste tatoueur connu sous le nom de Doctor Woo. Les poings serrés, anticipant la douleur. Une amie m'avait proposé de m'accompagner. Une autre m'avait suggéré de demander à Woo d'utiliser de la lidocaïne, une crème anesthésiante. Une autre encore m'avait conseillé de prendre un verre de vin en guise de traitement préventif. Mais je ne voulais pas être accompagnée ce jour-là et ne souhaitais pas non plus être anesthésiée. La douleur, si douleur il devait y avoir, faisait partie de l'expérience. Je voulais tout sentir. J'allais marquer mon corps, y imprimer de façon indélébile l'avant et l'après de ma découverte. Doctor Woo – que j'avais repéré sur Instagram parmi des milliers d'autres artistes pour ses dessins d'une extrême finesse – émaillait souvent ses tatouages de boussoles. Celles-ci étaient faites de lignes et de cercles si discrets et si fins qu'on aurait dit du fil tout juste tiré de sa bobine ; de flèches si délicates qu'on croyait les voir tourner.

C'était mon premier tatouage. J'étais parfaitement consciente qu'un juif n'était pas censé se faire tatouer mais, là encore, cela faisait partie du projet. C'était un geste subversif, rebelle. Puisque j'étais à moitié juive et à moitié autre chose, pourquoi ne pas le laisser paraître, l'afficher, l'*incarner* ? J'étais hybride, issue de deux lignées d'ancêtres qui n'avaient eu aucune chance de se croiser ni de fouler le sol du même village. Je m'étais décidée pour l'épaule – autrement dit pas un endroit caché, un coin secret que je ne dévoilerais que dans l'intimité. Je pouvais montrer mon épaule si je le voulais.

Le lendemain après-midi, j'avais rendez-vous avec

David Wolpe, le grand rabbin du temple du Sinaï à Los Angeles. J'avais beaucoup d'admiration pour cet homme, à la pensée brillante et subtile. J'avais prévu de porter une veste afin de cacher ma transgression. Je craignais son jugement – à tort : j'allais vite comprendre que David Wolpe n'avait pas de temps à perdre avec des dogmes d'un autre âge. « Nous avons tous l'impression d'être un autre », me dit-il. « Toute personne sensée sait que nous *sommes* autre. Mais vous, face à l'altérité, vous êtes montée en première ligne. Et vous en êtes revenue avec des choses à nous apprendre. » Dans le calme du sanctuaire où nous nous trouvions, il cita ce mot d'Elizabeth Barrett Browning : « Dieu répond parfois à nos prières de façon brusque et soudaine, nous jetant au visage la chose que nous avions demandée : un défi qui est aussi un cadeau. »

À cet instant – avec mon tatouage tout frais caché sous ma veste d'été –, je compris ce que le rabbin m'offrait là. La révélation de mon identité était à la fois défi et cadeau. Je n'avais pas à choisir d'y voir l'un *ou* l'autre. Mais à l'accueillir comme étant les deux à la fois.

Dans le studio de Doctor Woo – à mille lieues des espaces sacrés du temple du Sinaï –, j'ai expliqué à l'artiste pourquoi je voulais un tatouage. « Au printemps dernier, j'ai découvert que mon père n'était pas mon père biologique », ai-je dit sans plus de détails. Il devait en entendre un certain nombre par jour, de ces histoires, des raisons pour lesquelles ses clients décidaient de faire de leur corps une toile, un réceptacle, une affirmation d'identité. Ces jeunes gens dont m'avait parlé Wendy Kramer, qui, ayant longtemps et en vain tenté de retrouver leur père biologique, s'étaient finalement contentés d'une série de chiffres – le numéro d'identification du donneur – tatouée sur leur bras, comme pour dire : voilà tout ce que je sais de qui je suis.

« Je voudrais un oiseau, dis-je à Woo.

— Quel genre d'oiseau ? »

Sa page Instagram était remplie d'oiseaux : des aigles, des corbeaux, des faucons.

« Pas un oiseau en colère. »

Woo commença un croquis sur un morceau de papier.

« Ni un oiseau cruel, ajoutai-je, et pas non plus un colibri. » Michael m'avait fait remarquer que les colibris font du surplace. Je voulais un oiseau qui vole vraiment.

« Une hirondelle, peut-être ? proposa-t-il.

— Pourquoi pas. C'est un oiseau gentil. » Mes yeux me piquaient. « Un oiseau libre. »

Sur la table, tandis que Doctor Woo plantait son aiguille dans mon épaule pour dessiner l'oiseau, je ne sentais quasiment rien. J'avais l'impression de flotter, d'être suspendue quelque part entre deux eaux. Mes poings serrés se détendirent. Jack Kornfield, professeur de méditation, introduit souvent ses séances par ces mots : « Installez-vous sous l'arbre de l'éveil, à mi-chemin entre le ciel et la terre. » J'avais l'impression de m'installer, de prendre ma place – celle d'une personne qui venait de vivre une expérience intense et commençait à l'assimiler en créant un signe sur son corps.

*Oukshartam le'oth al yadekha vehayou letotafoth bein einekha.* J'entendais les mots de la profession de foi du Shema Israël s'égrener aussi distinctement que s'ils avaient été récités à côté de moi. *Que ces commandements que je te donne aujourd'hui restent gravés dans ton cœur. Tu les inculqueras à tes enfants* [...]. *Qu'ils soient attachés comme un signe sur ta main et comme une marque sur ton front.* J'avais été élevée dans l'idée forte que nous devons montrer au monde qui nous sommes et ce que nous sommes. Nous devons placer des *mezouzoth* sur nos portes, les hommes doivent porter la kippa. Je fermai les yeux tandis que Doctor Woo poursuivait la fabrication de mon signe à moi, ajoutant de minuscules boussoles et deux cercles discrets – symboles d'orientation – autour du bec de l'hirondelle.

Les oiseaux migrateurs ont une boussole intégrée ; ils utilisent le champ magnétique de la Terre – ainsi que la lumière, les étoiles et d'autres repères – pour se diriger en vol. Moi, je n'avais pas su distinguer le nord du sud, l'est de l'ouest. J'avais perdu tout repère quant à ma propre situation. Derrière tous les commentaires que j'avais essuyés palpitaient les questions les plus fondamentales : *Qui es-tu ? Qu'es-tu ?* Celles-ci pointaient derrière la remarque perplexe de Mme Kushner, derrière la négation glaçante de mon identité présumée par Mark Strand. C'était le sous-texte de toutes les réflexions sur ma judéité. À présent, j'avais ma boussole intégrée et je voulais un mémento visuel pour me le rappeler jusqu'à la fin de mes jours. Je savais ce que j'étais et qui j'étais. À moi maintenant de tracer l'itinéraire.

*

Le juge était enfin prêt à nous recevoir. Nous prîmes place autour d'une table de réunion et mon avocat distribua les documents qu'il avait préparés. Le magistrat, vêtu d'un costume, m'enjoignit de lever la main et de prêter serment. Puis il me demanda pourquoi j'avais déposé auprès de la Cour une demande pour changer de prénom.

« Parce que je déteste mon prénom », expliquai-je. « Parce que personne n'arrive à le prononcer ni même à l'épeler. Parce que je n'ai jamais répondu à ce prénom. » Ce qui n'était pas totalement vrai, évidemment. J'avais la preuve douloureuse que je l'avais fait au moins une fois.

Je signai les papiers en présence du juge, du secrétaire du comté, de mon avocat et de Michael. Puis le document fut tamponné. Annulation. La petite fille au nom imprononçable qui scrutait et scrutait encore son visage dans le miroir, s'efforçant de comprendre ce qu'elle avait sous les yeux, était enfin une femme adulte qui savait qui elle était et d'où elle venait. Daneile était le nom dont j'avais hérité avec d'autres mystères liés à mon existence. Mais rien ne m'obligeait à en rester l'otage. Je pouvais m'en délester.

« Votre nom est désormais officiellement Dani Shapiro, déclara le juge.

— C'est tout ? » demandai-je.

À vrai dire, j'aurais cru que cela prendrait plus de temps de défaire quelque chose qui m'avait identifiée toute ma vie. Je ne m'étais pas rendu compte que mon prénom allait disparaître aussi vite, s'envoler telle l'hirondelle sur mon épaule. Deux semaines plus tôt, je m'étais réapproprié mon corps. Maintenant je me réappropriais mon nom. Bientôt, j'allais modifier tous mes documents d'identité, sauf un. Mon acte de naissance resterait inchangé. Daneile, fille de Paul. En hébreu ça donnerait *Daniela bat Pinchas*. Cette page d'histoire, toujours vraie, ne saurait être retouchée.

## 49

Le mois de mai semblait encore loin quand nous avions déjeuné avec Ben et Pilar dans le New Jersey, en octobre, mais le voici maintenant qui arrivait, et avec lui la tournée de promotion pour mon livre. Cela faisait près d'un an que j'avais reçu les résultats de mon test ADN. Près d'un an à vivre dans une réalité nouvelle et à m'y accoutumer comme le corps s'adapte à un nouveau climat. Il y avait du vrai dans le vieux proverbe selon lequel le temps guérit toutes les blessures. Guérir, peut-être pas, mais en tout cas le temps m'avait amenée à mieux accepter que c'était bien ça, ma vie. J'avais changé de prénom, je m'étais fait tatouer. Autant de signes extérieurs de glissements intimes. L'expression « conçu par don » ne me traumatisait plus. Je pouvais regarder des photos d'enfance de mes parents et moi avec intérêt – et certes un brin de tristesse qui, sans doute, ne s'en irait jamais, mais le déni vibrant, buté, puéril de ce que j'avais sous les yeux m'avait quittée.

De temps en temps, malgré tout, alors que je conduisais sur une petite route, traversais un carrefour bondé en allant à un rendez-vous en ville, ou même que je méditais tranquillement, j'étais soudain submergée par cette sensation physique, désormais familière, de tomber dans le vide. Ce vide, avais-je fini par comprendre, représentait le hiatus entre mon père et Ben. Aucun de mes deux pères ne serait jamais totalement mon père. *Toute chose au contraire a été engendrée et renvoie, à rebours, à ses fondements premiers.* Il y avait, et il y aurait toujours, une instabilité au tréfonds de mes origines. Cette révélation avait trouvé sa place en moi, au côté des autres secrets et, malgré ces vertiges ponctuels, elle me conférait comme une force nouvelle.

Ce qui était une bonne chose car, dans les six semaines à venir où je serais sur la route, j'allais devoir me couper en deux et remiser dans un coin tout ce qui concernait l'année écoulée. J'allais faire la promotion de mon dernier livre, qui traitait du mariage et de la mémoire. Combien de fois m'étais-je réjouie, entre autres heureux hasards, du timing de ma découverte. La vérité sur mon histoire familiale, si elle m'avait été dévoilée alors que j'écrivais *Hourglass*, aurait eu sur mon fragile petit livre l'effet d'un véritable boulet de démolition. Le manuscrit serait retourné au fond d'un tiroir.

Portland. La ville figurait sur mon agenda parmi tous les autres points de la tournée. Elle faisait partie d'une étape sur la côte ouest qui comptait aussi L.A., San Francisco et Seattle. J'avais échangé avec la famille Walden un mois à l'avance, et toute ma journée à Portland était maintenant organisée. Déjeuner avec Ben et Pilar avant ma lecture à la librairie Powell's Books ; puis dîner avec Emily et son mari, Scott. Même Nick, le fils d'Emily, avait prévu de venir à la lecture. La *mishpokhe* Walden quasiment au complet. Michael aussi allait me rejoindre à Portland. Je lui avais dit que ce n'était pas la peine, que ça irait. « Bien sûr que ça va aller, m'avait-il répondu, mais tu as besoin d'un témoin. »

Dans une moindre mesure que l'année précédente, quand, lors du fameux séjour à San Francisco, je m'efforçais de rester en mouvement, concentrée sur mes activités quotidiennes – réserver des restaurants, appeler des Uber, discuter jaquettes de livre, tout cela en métabolisant l'éléphant –, ma tournée me mit de nouveau dans cet état étrange de scission : j'étais d'un côté de l'écran et tenais l'autre à distance. C'était beaucoup d'énergie d'avoir ainsi à compartimenter, repousser en permanence ce qui me ravageait. Le simple effort psychique que cela exigeait était exténuant. Je me demandais comment mes parents avaient fait, comment ils étaient parvenus à se débarrasser de ce qu'ils savaient sur mes origines. Chez le pédiatre, comment ma mère avait-elle pu décliner mes antécédents médicaux sans être assaillie par un stress terrible ? Comment avaient-ils pu rire du poster Kodak qui portait aux nues leur fille, transformée en symbole des festivités de Noël ? Quelle avait pu être la force de leur déni – et à quel prix – pour pulvériser ainsi la vérité, jusqu'à lui faire perdre forme et contours ?

Je m'efforçais de mettre ces questions de côté tandis que je quadrillais le pays. Mais dans les moments de calme – quand j'étais seule, en avion ou à l'hôtel –, tout me revenait avec la force des pensées refoulées. Cela faisait des semaines que chaque jour, ou presque, je me retrouvais dans les airs, à contempler d'en haut l'étendue des plaines, les chaînes de montagnes, le monde en contrebas, tout un décor qui m'invitait à penser géographie et déracinement. *Le pays d'où je viens* – ainsi me représentais-je Ben. Depuis un an, je vivais dans les infinitudes au loin de toute terre.

Je me demandais souvent ce qu'il se serait passé si mes parents avaient fait un choix différent – un choix plus radical étant donné le lieu et l'époque où ils vivaient – et m'avaient dit très tôt la vérité. Et si j'avais été élevée en étant consciente que mon père et moi n'avions pas de lien biologique ? Et si j'avais su dès le départ que la raison pour laquelle j'avais l'air différente, je me sentais différente, c'était que *j'étais* différente. Il était facile d'imaginer que ça se serait beaucoup mieux passé. Mais on ne peut savoir ce que nous réservait le chemin qu'on n'a pas pris. D'autres difficultés, d'autres crève-cœur, d'autres complications auraient certainement surgi. Mais au moins, nous les aurions affrontés ensemble, en famille.

À Portland, Michael m'attendait à la descente de l'avion. Nous avions juste le temps de déposer nos sacs à l'hôtel et de retrouver Ben et Pilar au restaurant, tout proche. C'était un jour gris, pluvieux ; ça bouchonnait sur la 5e Avenue Sud-Ouest. Mais cette fois-ci, je ne ressentais aucune tension. Seulement le plaisir de reprendre la conversation que nous avions entamée prudemment un an plus tôt et qui était devenue quelque chose d'agréable, bien que, par moments, étrange ou déconcertant. J'avais encore des questions pour Ben, que je n'étais pas sûre de pouvoir lui poser. Je voulais savoir plus précisément combien de fois il avait été donneur. Une douzaine de fois ? Cinquante ? S'il précisait ce qu'il entendait par *pendant un temps*, je pourrais me faire une idée du nombre de demi-frères et demi-sœurs que j'étais susceptible d'avoir.

Je n'étais pas sûre que Ben ait envie de penser à ça. J'étais certaine en revanche que Pilar n'en avait aucune envie. Nous nous sommes retrouvés tous les quatre dans un *steakhouse* au trentième étage d'un immeuble de bureaux, avec des baies vitrées surplombant la ville et, au loin, la ligne brumeuse de la chaîne des Cascades. C'était un endroit spacieux, élégant, qu'ils avaient dû choisir avec soin. Cette fois-ci, nous avons tous commandé un verre de vin, et l'humeur était plus festive que prudente. Comme des enfants qui jouent au loup, nous savions quels sujets tenaient lieu de maison. Nous avons discuté de ma tournée, du nouveau film de Michael puis du nouveau gouvernement – sujet toujours aussi effarant. Ils nous ont donné des nouvelles de leurs enfants et petits-enfants et ont demandé comment allait Jacob, qui finissait sa première année de fac. La soirée, dûment calibrée, allait se dérouler comme suit : Ben et Pilar viendraient m'écouter à Powell's Books puis ils ramèneraient avec eux leur petit-fils Nick de façon à ce qu'Emily, Scott, Michael et moi puissions dîner ensemble.

Je me demandais sans arrêt ce que je ressentirais en présentant mon livre devant un auditoire comprenant mon père biologique et ma demi-sœur. Mon père était mort avant que je ne devienne écrivaine. Il n'avait jamais lu mes livres, ne m'avait jamais vue à l'œuvre en tant qu'auteure dans mon univers professionnel. En trente ans, depuis sa mort, j'avais écrit neuf livres. J'avais fait des centaines de lectures partout dans le monde. Je ne comptais plus les fois – à chaque nouvelle parution ou à l'occasion d'une critique particulièrement élogieuse – où je lui avais parlé. *Papa, regarde, j'ai écrit tous ces livres pour toi.*

Aujourd'hui c'est mon autre père, mon père biologique, qui serait présent dans le public pour me voir. Après notre première rencontre, Ben m'avait écrit que, s'il ne revendiquait rien d'autre qu'un lien paternel génétique, il n'en était pas moins fier de ce que j'avais accompli, non seulement professionnellement, mais aussi en fondant une famille merveilleuse et soudée. J'avais beau apprécier ma relation avec Ben, j'avais mal pour mon père. Lui n'avait jamais ressenti cette fierté parentale, ce *kvelling* – comme il aurait dit en yiddish. Ben faisait désormais partie intégrante de ma vie d'adulte. Il avait vu Jacob sur FaceTime. Il avait bavardé avec Michael. Il allait faire la queue, ce soir, pour se faire dédicacer mon livre. Si mes parents avaient pu se projeter juste une demi-seconde dans un futur où – après leur disparition à tous deux – je dînerais sur les toits de Portland avec l'étudiant en médecine anonyme dont ils s'étaient employés à nier l'existence, seraient-ils allés jusqu'au bout de leur démarche ?

*

J'aurais adoré explorer ces points sensibles avec Ben – poser les questions provocantes, profondes, difficiles liées à ce terrain étrange – et quelque chose me disait qu'il n'aurait pas dédaigné une discussion plus complexe. Mais Pilar, bien que cordiale, semblait encore contrariée d'avoir ignoré le passé de donneur de Ben et par le fait que les trois adultes qu'ils avaient élevés ensemble n'étaient pas ses seuls enfants. J'aurais eu du mal à le lui reprocher. Je n'imaginais même pas comment je réagirais si un enfant de Michael surgissait un jour, modifiant la taille et la physionomie de notre famille.

Tandis que nous faisions durer le café, Pilar posa une question qui la travaillait manifestement depuis un moment.

« Alors, tu as retiré ton nom ? »

Sur le coup, je n'ai pas compris de quoi elle voulait parler.

« Du site Internet. D'Ancestry.com. »

Je n'osais pas regarder Michael. Je ne savais pas quoi répondre. Non, nous n'avions pas retiré mon nom d'Ancestry.com. Au contraire, nous avions diffusé mon profil aussi largement que possible sur d'autres sites – 23andMe, MyHeritage, GEDmatch – afin d'augmenter mes chances d'identifier des demi-frères et demi-sœurs et leurs chances à eux de m'identifier.

Je ne pouvais me résoudre à dire à Pilar que mon ADN était facilement accessible. Mais je ne voulais pas non plus lui mentir. Alors que j'essayais de formuler une réponse, Michael intervint :

« L'ADN d'Adam Thomas y est toujours aussi, signala-t-il doucement.

— Mais il nous a assuré que c'était en mode privé », répliqua Pilar.

Ben nous regardait à tour de rôle.

Je devinai que Michael se disait la même chose que moi. *Laisse faire.* L'ADN d'Adam Thomas était tout aussi accessible que le mien. Si les Walden lui avaient demandé de le retirer, il ne s'était pas exécuté. Ce qui voulait dire que, si des enfants biologiques de Ben se trouvaient sur Ancestry.com, ils allaient tomber sur le même mystérieux cousin que moi et – avec un peu de jugeote et de technique journalistique – suivre les miettes de pain jusqu'à retrouver Ben. Pilar parut momentanément rassurée par cette illusoire confidentialité des données – celles d'Adam Thomas comme les miennes. Mais quelques minutes plus tard, tandis que Ben et Michael étaient plongés dans une autre discussion, elle se pencha vers moi et me dit, à mi-voix bien qu'avec empressement : « Ton papa est un bon papa. » J'ai cru que j'avais mal entendu. Elle posa une main sur mon bras. « C'est un très bon papa », répéta-t-elle.

« Tu es la bienvenue chez nous, poursuivit-elle, tu viens quand tu veux. » Je savais combien il en avait coûté à Pilar de m'accueillir. Mais après tant de précautions terminologiques – le lien génétique, la biologie, ce numéro d'équilibriste –, le mot *papa* semblait déplacé. « Si jamais d'autres se présentent, reprit-elle, tu ne leur diras pas. Tu resteras en mode privé. » Ce n'était pas vraiment une question, pas non plus une injonction. Et soudain, je compris. À quel âge était-on trop vieux pour une surprise ? La décision désinvolte d'un jeune étudiant en médecine avait aujourd'hui le pouvoir de chambouler la vie d'un médecin à la retraite. Ben et Pilar avaient certainement, comme moi, lu l'histoire de ces gens issus de donneurs qui se découvraient des cohortes de demi-frères et demi-sœurs. S'étaient-ils imaginé une légion de rejetons blonds aux joues roses encerclant leur maison ? Au fond d'eux, il y avait de la peur, c'était normal, même dans leur interaction avec moi. Je ris à ces propos, comme si l'idée même avait eu quelque chose de saugrenu, et avalai une grande gorgée du vin oublié dans mon verre. D'un autre côté, les mots de Pilar déclenchèrent en moi de nouvelles associations d'idées : Ben en papa. Je m'imaginai affalée par terre, jouant au backgammon dans la maison douillette de Ben et Pilar, dans leur résidence communautaire. Je m'imaginai en pyjama et robe de chambre, buvant mon café et lisant le journal avec Ben de bon matin. Nous aurions fait les mots croisés tous les deux... Et puis, tel le diamant qui crépite sur un vieux vinyle, ces pensées disparurent en crissant.

Ben était un homme charmant et attentionné pour qui j'avais énormément de tendresse et de gratitude. Le rencontrer m'avait permis d'assembler les morceaux épars de moi-même – un apaisement pour toute la vie. Il était mon étoffe, mon pays. Mais il n'était pas mon papa. Je compatissais avec Pilar, sincèrement. Elle avait élevé une famille aimante, très unie. Je ressemblais à son mari plus qu'aucun de leurs enfants. J'avais vu une photo de Ben adolescent, et Jacob lui ressemblait beaucoup. Et s'il y en avait d'autres, comme je le soupçonnais fort ? D'autres femmes, d'autres hommes d'une cinquantaine d'années éparpillés dans le pays, tous enfants biologiques de Ben ?

C'était un problème éthique de taille, sur lequel je me pencherais volontiers si le cas se présentait. Une partie de moi espérait que cela ne se produise jamais, du moins pas de leur vivant. Le dilemme entre ce que je leur devais à eux – ma promesse de confidentialité – et ce que je devais à quiconque était susceptible de me contacter un jour ne me quittait jamais vraiment. Si une personne comme moi, sidérée, traumatisée, choquée, perplexe, me contactait via un site de tests et me demandait comment il se faisait que nous apparaissions comme demi-frère ou demi-sœur, je serais incapable de tourner le dos à cette personne. *J'étais* cette personne.

En même temps, j'étais tout à fait consciente de la gentillesse de Ben, qui avait été honnête avec moi dès le début, ainsi que du courage et de la générosité avec lesquels il avait finalement accepté de me rencontrer. *Rien ne t'obligeait à faire tout ça*. C'est ce que je lui avais dit lors de notre premier déjeuner. Il aurait très bien pu ne pas me répondre ou me mentir. Il aurait pu me rejeter, se montrer cruel. Au lieu de cela, la bonté foncière de Ben me renvoyait au fait que je venais précisément de cette bonté. Je me sentais un devoir de protection envers Ben et Pilar et je ne voulais surtout pas leur faire de mal, ni à l'un ni à l'autre.

Mon échange avec Pilar s'était déroulé en aparté, de sorte que, quand nous avons quitté la table tous les quatre, il n'y eut aucune gêne. Elle n'avait pas exactement posé une question, ni moi tenté d'y répondre. Ben ne s'était douté de rien. Quant à moi, je mis de côté cette discussion pour y repenser plus tard. Dans les mois suivants, en voyant surgir sur ma page Ancestry un flot régulier de cousins au deuxième et au troisième degré – des parents biologiques éloignés avec lesquels je ne voyais aucune raison d'entrer en contact –, je repenserais à la probabilité qu'un demi-frère ou une demi-sœur se présente un jour. Puis un autre. Et encore un autre. Qui seraient ces gens pour moi ? Et moi pour eux ? Avoir été le premier rejeton de Ben à découvrir la vérité avait sans aucun doute joué en ma faveur. Si je n'avais pas été la première, m'aurait-il répondu ? J'avais de la chance. Je le comprenais maintenant. *Récompense.* J'étais issue de deux hommes – mon père et Ben – profondément honorables. *Tu peux dire : « C'est beau, c'est merveilleux. »* Qu'allais-je faire de ma bonne fortune ?

## 50

Un peu plus tard dans la soirée, je suis derrière le pupitre à Powell's Books et je donne ma lecture. La salle est comble, mais à aucun moment je n'oublie la famille qui occupe tout le quatrième rang. Cette rangée de gens bienveillants, encourageants est comme une terre à l'horizon au cœur de la tempête.

Je ne saisis que des éclats : des cheveux blancs, une chemise bleue, un grand gars anguleux qui arrive en retard, le sourire immense, généreux de ma demi-sœur. Mais, même quand je trace devant moi des parenthèses invisibles, exécutant de mes petites mains la même gestuelle que l'homme dont je suis issue, c'est un autre homme que je cherche – celui dont l'amour m'a donné la vie. Rares furent les temps forts de mon existence où je n'ai pas cherché mon père. Rares les occasions où je n'ai pas senti à la fois sa présence et son absence. Je l'appelle en silence, d'un mot hébreu – *hineni*. Me voici. *Hineni*, qui n'apparaît que huit fois dans toute la Torah, n'est pas tant l'indication du lieu où l'on se trouve que l'expression d'une présence et d'un dévouement total. Abraham le dit à Dieu quand il reçut l'ordre de sacrifier Isaac, et il le répéta ensuite à son fils. Jacob l'employa pour répondre à l'appel d'un ange. Joseph le dit à Jacob quand ce dernier l'envoya chercher ses frères. Moïse le dit à Dieu quand il entendit sa voix dans le buisson ardent. Et moi je le dis à mon père, encore et encore. *Hineni.* Me voici. Tout entière.

## REMERCIEMENTS

J'ai écrit cette histoire en même temps que je la vivais. Les événements en question ont été pour moi aussi bouleversants que miraculeux. Je remercie tous ceux qui m'ont apporté leur aide en cours de route.

Tout d'abord, merci à la famille que j'appelle ici Walden. Votre humanité et votre générosité m'ont permis d'avancer et de retrouver les pièces manquantes. J'ai eu beaucoup de chance de tomber sur des personnes comme vous, je ne l'oublierai jamais. Merci de m'avoir fait confiance.

Merci aux premiers lecteurs qui ont contribué à améliorer ce livre : Abigail Pogrebin, Elissa Altman, Karen Shepard et Andy McNicol.

Jennifer Mendelsohn, Wendy Kramer, Naomi Cahn, Jacqueline Mroz, Dr Leonard Hayflick, Dr Alan DeCherney, Dr Jenna Slutsky Bass, Arthur L. Caplan, Daniel Wikler, le rabbin David Wolpe, le rabbin Haskel Lookstein, Sylvia Boorstein, David Crean, Jack Gilpin, le rabbin David Ingber, Elizabeth Lesser, Dr Bessel van der Kolk, Gabrielle Bernstein, Stephen Cope, Kris Carr, vous êtes mes héros. Merci à vous – experts, éthiciens, auteurs, médecins, guides spirituels – de m'avoir consacré un peu de votre précieux temps et de m'avoir ouvert la porte de royaumes insoupçonnés.

Merci à mon assistante de recherche, Erica Schwiegershausen, qui a retourné la moindre petite pierre.

Jennifer Rudolph Walsh, je chérirai à jamais tes conseils, ton amitié, ta sagesse et ton soutien.

Le Dr Arietta Slade m'a aidée à aborder « l'impensé connu ».

Un immense merci à ma très chère tante, Shirley Feuerstein, fille de tisserand, qui m'a patiemment raccommodée, point par point.

Jordan Pavlin et toute la maison Knopf, chaque jour je crois rêver avec vous. Julie Barer, ta gaieté et ton enthousiasme sont contagieux. J'ai beaucoup de chance d'avoir derrière moi une équipe aussi fantastique.

Et, pour finir, mes deux grands amours : Michael Maren a vécu chaque seconde de cette aventure avec moi ; il a lu chaque page de ce livre avec bienveillance et perspicacité. Je ne m'en serais jamais sortie sans toi. Et Jacob Maren, cette histoire est aussi la tienne. C'est une histoire magnifique – à ton image.

## CITATIONS

Toutes les citations présentes dans l'ouvrage sont traduites par la traductrice à l'exception de :

P. 11 : George Orwell, *1984*, traduit de l'anglais par Josée Kamoun, collection « Du monde entier », Gallimard, 2018.

P. 11 : Sylvia Plath, « Le Colosse », traduit de l'anglais par Patrick Reumaux, in *Œuvres*, collection « Quarto », Gallimard, 2011.

P. 77-78 : Herman Melville, *Moby Dick*, traduit de l'anglais par Armel Guerne, Libretto, 2005.

P. 274 : Thomas Mann, *Les Histoires de Jacob*, premier volume de *Joseph et ses frères*, citation traduite de l'allemand par Hélène Boisson.

PAPIER À BASE DE
FIBRES CERTIFIÉES

Le Livre de Poche s'engage pour
l'environnement en réduisant
l'empreinte carbone de ses livres.
Celle de cet exemplaire est de :
350 g éq. $CO_2$
Rendez-vous sur
www.livredepoche-durable.fr

Composition réalisée par Soft Office

---

Achevé d'imprimer en avril 2022 en Espagne par
BLACKPRINT
Dépôt légal 1re publication : mai 2022
LIBRAIRIE GÉNÉRALE FRANÇAISE
21, rue du Montparnasse – 75298 Paris Cedex 06